AF458961

Capitaine breveté H. ROZET

La Bataille d'Isly

(14 Août 1844)

Avec 24 gravures dans le texte et 1 portrait hors texte

PARIS
HENRI CHARLES-LAVAUZELLE
Editeur Militaire
10, Rue Danton (Boulevard St-Germain, 118)
(MÊME MAISON A LIMOGES)

8° Lk⁵
1895

OUVRAGES CONSULTÉS

BARAIL (Général DU) : *Mes Souvenirs.*

BELLEMARE : *Histoire d'Abd-el-Kadder.*

BEUVELOT (lieutenant-colonel breveté) : *Etude sur la campagne d'Isly* (inédit).

CASTELLANE (Lettres adressées au maréchal DE) : *Campagnes d'Afrique.*

DERRÉCAGAIX (Général) : *Yusuf.*

DUTERTRE (Capitaine adjudant-major du 8e bataillon de chasseurs) : *Correspondance.*

FRISCH (Lieutenant-colonel breveté) : *Annexe au règlement sur le service en campagne.*

FLEURY (Général Comte) : *Souvenirs.*

GUIZOT : *Mémoires pour servir à l'histoire de mon temps.*

IDEVILLE (Comte D') : *Le maréchal Bugeaud, d'après sa correspondance.*

MORDRELLE (Lieutenant-colonel breveté) : *Conférences sur la guerre coloniale.*

MONTAUDON (Général) : *Souvenirs militaires.*

PINET : *La Moricière.*

ROCHES (Léon) : *Trente-deux ans à travers l'Islam.*

ROUSSET (Camille) : *La conquête de l'Algérie.*

MARTIMPREY (Général) : *Souvenirs d'un officier d'état-major.*

MORDACQ (Commandant breveté) : *La guerre au Maroc.*

OSIRIS : *La guerre au Maroc.*

VOINOT (Capitaine) : *La région d'Oudjda* (ouvrage en préparation).

WAHL (Maurice) : *L'Algérie.*

WEIL (Capitaine) : *Œuvres du maréchal Bugeaud.*

Archives marocaines (tomes IX et X).

Archives de la division d'Oran.

Historiques du 2e chasseurs d'Afrique, des zouaves, du 2e spahis, 8e bataillon de chasseurs, 10e bataillon de chasseurs, 9e bataillon de chasseurs, 48e de ligne, etc.).

Journal l'Akbar (1844-1845).

Revue des Deux Mondes (1845).

Revue d'Histoire.

Journal des marches et opérations du corps expéditionnaire de l'Ouest (1844).

Journaux de l'époque.

LA BATAILLE D'ISLY

(14 Août 1844)

RF

8Lh5
1895

TOUS DROITS DE REPRODUCTION, DE TRADUCTION ET D'ADAPTATION
RÉSERVÉS POUR TOUS PAYS.

Capitaine breveté H. ROZET

La Bataille d'Isly

(14 Août 1844)

Avec 24 gravures dans le texte et 1 portrait hors texte

PARIS
HENRI CHARLES-LAVAUZELLE
Editeur Militaire
10, Rue Danton (Boulevard St-Germain, 118)

(MÊME MAISON A LIMOGES)

INTRODUCTION

Pendant les dix mois passés en garnison à Oudjda, *j'ai eu tous les loisirs d'étudier la bataille* d'Isly *sur les lieux mêmes où elle a été livrée. Au début, je n'avais guère d'autre intention que celle de me remémorer la célèbre bataille et d'en suivre, sur le terrain, les principales phases. Mais au cours de cette reconstitution du combat, j'ai éprouvé peu à peu le besoin de préciser les conditions dans lesquelles se trouvaient les deux adversaires et de faire revivre plus complètement l'action en entrant dans le détail des faits.*

J'ai été ainsi amené à réunir des documents et des notes, à prendre des photographies et des croquis sur le terrain.

Une fois rentré en garnison en Algérie, j'ai utilisé mes loisirs à mettre de l'ordre dans le premier travail fait à Oudjda. *J'ai pensé alors qu'il serait intéressant, et peut-être utile, de présenter le résultat de mes recherches sous forme de travail d'hiver.*

J'y ai ajouté des appréciations ou des critiques personnelles sur les points qui m'ont paru de nature à fournir des enseignements. Ces observations ouvrent le champ aux réflexions et aux méditations de ceux qui voudront bien les lire, sans que ma manière de voir soit exclusive de toute autre opinion.

Au point de vue du combat proprement dit, la bataille d'Isly, *bien qu'instructive, est très incomplète, par suite de l'insuffisance d'organisation de l'ennemi.*

Au contraire, l'étude de la préparation de l'opération est très fertile en enseignements; elle peut fournir d'utiles indications pour le présent, dans des cas analogues. D'une façon plus générale, cette étude met en lumière des principes de tactique applicables sur tous les théâtres d'opérations.

Sous ce rapport, l'utilité de travaux de ce genre ne paraît pas contestable. Il est évident que l'étude des campagnes d'Afrique seules, ne forme pas à la guerre européenne, mais elle met en présence de certains problèmes tactiques que l'on peut avoir à résoudre partout. Ces problèmes ont des données très particulières et réclament une solution d'espèce qui ne conviendrait pas à d'autres cas. A ce point de vue, la résolution théorique de ces problèmes forme les esprits en éloignant les formules toutes faites.

Au point de vue pratique, les campagnes d'Afrique ont eu pour résultat et ont encore pour résultat de donner aux officiers qui y prennent part, l'occasion d'exercer leurs fonctions dans des circonstances variables et souvent difficiles qui les obligent à réfléchir et à agir, en engageant leur responsabilité. Dans une période de paix comme celle que nous traversons, c'est une bonne préparation qui développe l'aptitude au commandement en ce qui concerne le caractère, l'énergie et même le courage, qualités importantes, sans lesquelles la science militaire pure risque de rester lettre morte.

Il serait donc injuste de considérer l'étude critique des campagnes d'Afrique ou coloniales comme inutile au point de vue de l'instruction tactique générale des officiers. Il serait également injuste de penser que ceux qui ont fait campagne en Algérie ou aux colonies sont moints aptes que les autres à la grande guerre. On peut dire, avec M. le lieutenant-colonel

Mordrelle, *que « si l'expérience des campagnes coloniales ne rend pas forcément apte à la conduite de la grande guerre, il serait, en revanche, exagéré de prétendre que celui qui la possède est, par ce fait même, dépourvu des qualités requises pour faire un bon chef dans une guerre européenne* (1) ».

D'ailleurs, pour terminer, je ne peux mieux faire que de citer l'opinion, en la matière, d'un maître incontesté, le maréchal Bugeaud, *dont la physionomie légendaire est inséparable de toute évocation de la bataille d'*Isly *: « Ne croyez pas, disait-il, aux généraux et officiers supérieurs qu'il se plaisait à réunir autour de lui, chaque fois qu'il en trouvait l'occasion, ne croyez pas que vous appreniez ici l'art de la guerre, de la grande guerre qu'on doit faire quand on a devant soi des armées solides et disciplinées. Certes vous éprouveriez de terribles désillusions, si vous vouliez employer vis-à-vis d'une de ces armées la tactique que vous avez adoptée vis-à-vis des Arabes. Mais quelle excellente école préparatoire pour nous tous, chefs et soldats, que ces campagnes d'Afrique ! Le général y étudie pratiquement toutes les importantes questions relatives au bien-être de ses soldats : approvisionnements, moyens de transport, etc., etc.; il apprend à les conduire et à user d'eux sans excéder leurs forces, à poser son camp, à se garder, etc., etc. Les officiers et les soldats s'aguerrissent par des combats incessants, s'accoutument à la faim, à la soif, à la marche sous toutes les températures, et aux privations de toutes sortes, sans se laisser démoraliser. Le difficile, à la guerre, n'est pas tant de savoir mourir que de savoir vivre. Les officiers, souvent engagés avec*

---

(1) Conférences sur la guerre coloniale.

leurs bataillons et leurs compagnies dans des actions isolées, prennent l'habitude du commandement et de la responsabilité.

» *Je le répète, Messieurs, nous ne sommes ici qu'à l'école primaire, mais si nous savons profiter des leçons que nous y recevons, nous deviendrons certainement les meilleurs élèves des écoles secondaires* (1). »

---

(1) Léon Roche, 32 *ans à travers l'Islam.*

LA BATAILLE D'ISLY

(14 Août 1844)

CHAPITRE Ier

Situation générale au printemps de 1844. — Abd el Kadder et le sultan du Maroc. — Conflit franco-marocain. — Création du poste de Lalla-Maghnia. — Les rassemblements d'Oudjda. — L'amel El-Gennaoui. — L'affaire de 30 mai. — Arrivée à Lalla-Maghnia du maréchal Bugeaud.

SITUATION GÉNÉRALE AU PRINTEMPS DE 1844

Vers la fin de l'année 1843, après la chute de la *Kabylie* et la prise de *Biskra*, l'Algérie était presque entièrement soumise. Les tribus, lasses de la guerre, se montraient froides pour *Abd el Kadder*. Enserré par nos colonnes, l'émir se dérobait vers l'ouest et, en octobre, la « deïra » était à 50 kilomètres au sud d'*El-Aricha*, prête à pénétrer au Maroc. Le prestige d'*Abd el Kadder* était cependant encore intact chez les tribus voisines de la frontière. Des légendes sur la puissance de l'émir couraient dans les douars, ses succès étaient amplifiés et ses défaites tenues cachées. Pour les Marocains, il apparaissait encore comme le « moul saâ» le maître de l'heure, qui devait chasser de la terre d'Afrique le chrétien envahisseur. Le devoir de tout bon musulman était de se joindre à lui. *Abd el Kadder* profita de cette situation pour demander nettement l'appui du sultan *Abd er Rahman*. Malgré son désir de ne pas indisposer la France, malgré également son peu de sympathie pour *Abd el Kadder*, qui lui apparaissait comme un intrigant dangereux, le sultan se voyait entraîné par le mouvement religieux qui gagnait rapidement son empire. S'il était de son intérêt, comme sultan, de rester dans la plus stricte neutralité et de laisser écraser le rival naissant, comme chérif, comme chef de l'*islam* en Occident, il était obligé de faire cause commune avec l'émir contre le « roumi » exécré. Il eût risqué son trône en luttant ouvertement contre *Abd el Kadder*, maître du Maroc oriental. Aussi les envoyés de l'émir, *Miloud ben Arach* et *Barkani*, furent-ils reçus à *Fez* avec des marques de grande sympathie; ils s'en retournèrent avec des présents et l'assurance d'un appui effectif.

C'est ainsi que naquit le conflit entre la France et le Maroc, conflit qui aboutit à la bataille d'*Isly*.

ABD EL KADER ET LE SULTAN DU MAROC

Dès que ce conflit éclata, le gouvernement français chercha par tous les moyens à éviter des complications. M. *Guizot*, par l'intermédiaire de notre consul général à *Tanger*, M. *de Nion*, fit faire de nouvelles propositions à l'empereur *Abd er Rahman* pour « assurer le maintien des relations pacifiques entre les deux Etats ». De son côté, le maréchal *Bugeaud*, gouverneur de l'Algérie, essaya d'agir sur *Abd el Kadder* lui-même, en lui faisant écrire par Léon *Roches* pour l'engager à renoncer à la lutte et à se retirer à *La Mecque*, où le gouvernement français lui assurerait une existence large et pleine d'honneur.

Des deux côtés, ces démarches furent sans résultat. D'une part, notre diplomatie, pleine d'illusions, se heurta, comme toujours, aux deux grandes forces arabes : la ruse et l'inertie, qui rendent les négociations interminables, lassent les patiences les mieux trempées et finalement triomphent de ceux qui discutent au lieu d'agir. On avait d'ailleurs commis la grande faute initiale de considérer le Maroc comme un empire, et le sultan comme un souverain au sens européen du mot.

D'autre part, le maréchal *Bugeaud*, reçut une réponse fière où l'émir, loin de s'avouer vaincu, entendait traiter avec la France de puissance à puissance.

L'éventualité d'une intervention marocaine était donc à prévoir, et dans une lettre en date du 9 janvier 1844, adressée au ministre de la guerre, le maréchal *Bugeaud* expose clairement les deux cas qui peuvent se présenter : l'empereur du Maroc peut, ou bien envoyer des secours occultes à *Abd el Kadder* pour ranimer la guerre, ou bien intervenir directement avec une armée d'une vingtaine de mille hommes. La première solution serait la plus embarrassante; pour la seconde, le maréchal se fait fort d'y répondre : « Quant au résultat d'un engagement sérieux avec les troupes de l'empereur, il ne me paraît pas douteux; quelque disproportionnés que fussent les nombres des deux armées, pourvu que je puisse réunir huit à dix mille hommes. Un grand combat refoulerait l'armée marocaine sur son territoire et l'autorité de cette victoire, en rétablissant les choses en Algérie, consoliderait notre puissance. »

C'est la deuxième solution que le sultan adoptera après bien des tergiversations et, ainsi que l'aura prévu le maréchal, le résultat sera pour nous une victoire éclatante.

Mais, avant d'arriver au dénouement, de longs mois vont s'écouler dans l'incertitude et les tâtonnements. D'une part, *Abd er Rahman* restera indécis et flottant, ne sachant quel parti prendre; d'autre part, le gouvernement français cherchera, jusqu'au bout, à éviter un conflit armé avec le Maroc. Les événements cependant iront en se précipitant et le maréchal saura les exploiter.

Nous allons résumer, dans ce chapitre, ces événements jusqu'au moment où, devant la gravité de la situation, le maréchal viendra lui-même prendre le commandement des troupes de la frontière du Maroc.

L'incident qui amena à l'état aigu le conflit entre la France et le Maroc, fut la création du poste de *Lalla-Maghnia.*

CRÉATION DU POSTE DE LALLA-MAGHNIA

Dès les premiers jours de 1844, le général *Bedeau* avait demandé au maréchal, par l'intermédiaire du général *Lamoricière*, commandant la division d'*Oran*, l'autorisation de se couvrir, à *Tlemcen*, par l'occupation de *Sebdou* au sud et par un poste à créer à l'ouest à l'entrée de la plaine des *Angad*. Après quelques difficultés, le maréchal qui n'aimait pas les postes et préférait la manœuvre de colonnes mobiles, finit par accepter les propositions de *Bedeau.*

Ce fut le commandant *de Martimprey* qui fut chargé de choisir l'emplacement du poste de l'ouest. Cet officier d'état-major fixa son choix sur les environs immédiats de la Kouba où reposent les restes d'une sainte arabe, *Lalla Maghnia*, et à l'endroit même où fut établi un camp de Syriens à l'époque de l'invasion romaine. L'occupation de ce point déchaîna une violente colère chez les Marocains qui crièrent au sacrilège et à la violation de leur frontière. Malgré les représentations de l'amel d'*Oudjda*, la construction du poste commença le 27 avril. Le 3 mai suivant, la redoute était presque terminée. Elle formait un carré bastionné entouré d'un fossé de 2 mètres de profondeur et de 4 mètres de large. Elle devait contenir un hôpital pour 130 malades, 2 fours de 400 à 500 rations, un magasin pour 20.000 rations. L'armement comprenait 2 obusiers de 15, 2 canons de 8, 1 pièce de montagne et six fusils de rempart. Ainsi établi à l'entrée de la plaine des *Angad*, le poste de *Maghnia* allait devenir le pivot de toutes les manœuvres à la frontière marocaine.

LES RASSEMBLEMENTS D'OUDJDA

L'agitation francophobe s'étendait rapidement chez les tribus de la frontière. L'effervescence était entretenue et exaspérée par les marabouts, particulièrement par les Khouans de *Moulay-Taïeb* et les *Aïssaoua*. La « djihad » guerre sainte, était prêchée et *Oudjda* était désigné comme le point de rassemblement des fidèles en armes. Autour de cette ville, étaient déjà campés 2.000 réguliers noirs, *Abid-el-Bokhari*, sous les ordres de *Si el Aribi el Kebibi* et la présence de cette troupe impériale portait à son comble l'enthousiasme belliqueux des tribus voisines.

L'agitation gagnait d'ailleurs tout le Maroc, et M. *de Nion* pouvait écrire le 13 mai à M. *Guizot* : « On mande de *Fez* que la guerre sainte contre les Français est hautement proclamée. Ce ne sont plus seulement les Kabyles de la frontière qui prennent part au mouvement, ce sont aussi plusieurs grandes tribus du centre. Un seul mot d'ordre circule aujourd'hui dans tout l'empire : dédain des menaces de l'Espagne, haine et vengeance contre les Français, confiance dans la protection de l'Angleterre. »

Bientôt les rassemblements autour d'*Oudjda* deviennent considérables : *Beni-Snassen*, *Zecarra*, *Beni-bou-Zeggou*, *Ouled-Amor*, etc., accouraient en masse. On pouvait d'ailleurs apercevoir les camps de la hauteur qui domine immédiatement Maghnia et l'on entendait journellement les détonations des fantassins en l'honneur des contingents ou des chefs qui arrivaient grossir les rangs des combattants. Le nouveau caïd d'*Oudjda, Ali ben el Gennaoui*, un des notables du *Ribat-Elfeth*, allait être obligé de céder aux excitations turbulentes de la cohue rassemblée aux portes de la ville. Quant à *Abd el Kadder*, il s'était rapproché avec 300 Kielas et 500 Askers, prêt à se joindre aux troupes d'*Oudjda*.

Vers le 15 mai, on s'était donc décidé au camp marocain à marcher sur *Maghnia* pour y détruire le poste français. Après mille palabres, le plan arrêté fut le suivant : selon l'usage, un cartel serait envoyé au chef des Français pour le sommer d'évacuer le poste et de se retirer sur la rive droite de la *Tafna*, véritable frontière du Maroc et de l'Algérie. Si les Français ne partaient pas, les hostilités commenceraient immédiatement. Les *Abid-el-Bokhari* attaqueraient directement en partant d'*Oudjda;* les *Beni-Snassen* agiraient par la gauche, gagnant les hauteurs au nord de *Maghnia;* les contingents des autres tribus s'avançeraient, sous les ordres d'*El Gennaoui* par les montagnes des *Beni-Bou-Saïd*, de façon à couper la retraite aux Français.

Un juif qui revenait du marché d'*Oudjda* apprit au général *Lamoricière* l'attaque qui se préparait et qui devait avoir lieu le 18 au matin. Il était urgent de prendre des mesures. *Lamoricière*, appela à lui toutes les troupes disponibles. *Bedeau* lui amena le 17 au soir, les zouaves, le 8e bataillon de chasseurs et trois escadrons de chasseurs d'Afrique. Les troupes de *Maghnia* comprenaient dès lors : six bataillons, quatre escadrons, huit obusiers de campagne, en tout : 4.500 combattants.

Le 18 se passa sans que l'ennemi parût, et ce ne fut que quatre jours après, que deux chefs des réguliers vinrent au camp français apporter un message de l'amel d'*Oudjda*. Ce n'était plus une sommation ferme, mais une invitation de quitter *Maghnia* dans l'intérêt de la paix et pour la conservation des traités entre la France et le Maroc.

L'AMEL EL GENNAOUI

El Gennaoui cherchait à gagner du temps; il éprouvait, en effet, de graves mécomptes avec la mehalla d'*Oudjda*. Comme les vivres manquaient, comme rien n'avait été prévu pour l'alimentation d'une telle masse, il advint que les affamés se mirent à piller les habitants d'Oudjda, saccageant les jardins et dévastant les récoltes. Les pillards en étaient venus aux mains entre eux et avec les réguliers. Ils n'écoutaient plus leurs chefs, et il devenait impossible de les contenir. Aussi, dès que *El Gennaoui* eut reçu la réponse ferme et claire de *Lamoricière*, les tribus furent licenciées, et un rendez-vous fut pris pour plus tard, après les moissons. Seuls les réguliers au nombre de 300 fantassins et 1.250 cavaliers restèrent à *Oudjda*.

Il semblait donc que les opérations militaires étaient remises à une date ultérieure, mais une nouvelle explosion d'ardeur guerrière allait être provoquée par l'arrivée à *Oudjda* des troupes envoyées en avant-garde par le sultan et sous le commandement de son propre cousin, *Moulay el Mamoun ben Echerif*. Ce haut personnage n'amenait avec lui qu'un faible détachement : 500 cavaliers et quelques fantassins, mais il était convaincu que rien ne lui résisterait. Bouillant d'impatience, pressé de montrer comment on traîtait les infidèles, il ne voulut ni écouter les représentations respectueuses d'*El Gennaoui*, ni attendre des renforts. Le jour même de son arrivée à *Oudjda*, il se lança avec ses troupes à l'attaque du camp français. Il n'avait qu'une crainte, c'était « que les Français ne se sauvent et se réfugient sur leurs vaisseaux ».

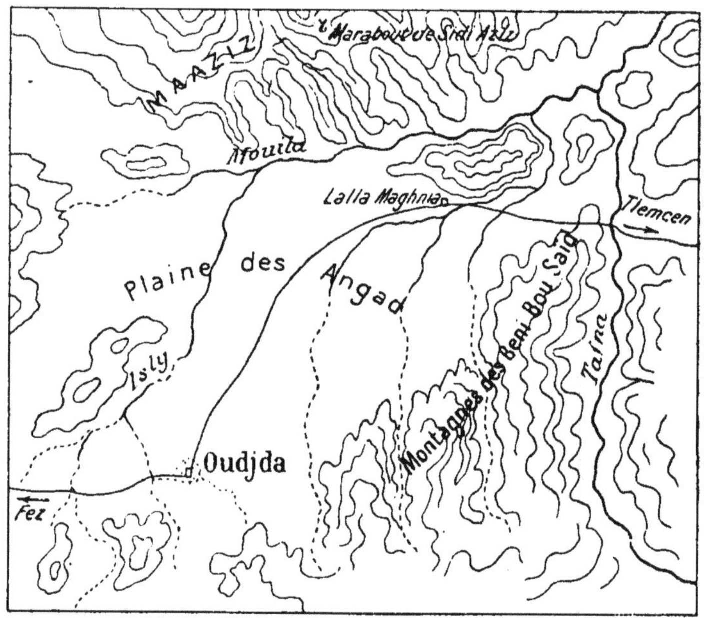

Lamoricière était loin de s'attendre à cette attaque. Il avait profité du répit que lui avait laissé le licenciement de la mehalla d'*El Gennaoui* pour aller rassurer et maintenir la tribu des *Maaziz*, au nord-ouest de *Maghnia*. Il était allé installer son bivouac, le 28, au marabout de *Sidi-Aziz*, sur les pentes sud des montagnes qui dominent la plaine des *Angad*.

AFFAIRE DU 30 MAI 1844

C'est absolument par hasard que le 30 mai, dans la matinée, le colonel Roguet, du 41ᵉ régiment de ligne, en inspectant les environs, aperçut dans le champ de sa lunette, la troupe de *ben Echerif* qui s'avançait, étendards déployés, à l'attaque du camp. *Lamoricière*, prévenu, n'eut que le temps de faire abattre les tentes et prendre les armes. Une demi-heure après, les Marocains attaquaient les avant-postes. *Lamoricière* leur répondit en prenant vivement l'offensive; il les accula à des escarpements rocheux et les mit en fuite sur Oudjda, après leur avoir fait subir des pertes sérieuses.

Cette attaque inopinée démontrait surabondamment l'état d'exaltation des Marocains. Le danger était de voir cette surexcitation gagner les tribus voisines de *Maghnia* et celles en arrière du poste. *Lamoricière* s'en rendait parfaitement compte, et il écrivait au maréchal Bugeaud : « Aucune défection n'a encore eu lieu, mais il est grand temps d'agir d'une manière décidée afin de dissiper les inquiétudes de nos amis et d'arrêter l'exaltation croissante chez nos ennemis. Ce que je crois du plus grand intérêt pour nous tous, c'est de vous voir arriver de votre personne à *Lalla-Maghnia*, le plus tôt possible. »

Le maréchal comprit, en effet, que sa présence était nécessaire dans l'ouest. Le 4 juin, il débarquait à *Mers-el-Kébir* avec trois bataillons du 48ᵉ de ligne, six compagnies du 3ᵉ léger; une demi-batterie montée (quatre pièces), une section d'artillerie de montagne, la section d'ambulance d'*Alger* et le quartier général. Ces troupes avaient été amenées par quatre vapeurs de l'Etat, remorquant chacun un navire de commerce.

Un ordre du 5 juin adjoignait à ces troupes 400 cavaliers du maghzen (Douairs et Smelas) et leur donnait le nom de « réserve de la division d'Oran » (1), sous les ordres du colonel Pélissier. Le 7 juin, cette colonne se mit en route pour *Maghnia* où elle arriva le 13.

ARRIVÉE A MAGHNIA DU MARÉCHAL BUGEAUD

Le maréchal prit alors le commandement du corps expéditionnaire qui comprenait : dix bataillons, six escadrons et dix pièces de canon. C'est à partir de cette prise de commandement que commence plus particulièrement la présente étude. La manœuvre d'*Isly* est l'œuvre très personnelle du maréchal *Bugeaud*, elle lui a valu une bonne partie de sa célébrité. Il a montré, dans cette courte campagne, toutes les qualités du véritable homme de guerre, autant par la justesse de ses prévisions, par la netteté de ses décisions que par la vigueur de l'exécution à travers les difficultés de toute nature qu'il a rencontrées.

A la rigueur, la bataille d'*Isly* pourrait être isolée et étudiée seule; les journées des 13 et 14 août, constituent un tout qui offre de nombreux sujets de réflexion et pourrait donner lieu à des enseignemnts tactiques variés. Nous avons cependant pensé qu'il était préférable d'exposer la série des événements qui ont précédé immédiatement la bataille.

En suivant le maréchal dans ses conceptions et ses opérations depuis le 13 juin jusqu'au 15 août, nous

(1) Les effectifs étaient les suivants : 3ᵉ léger (1 bataillon et 2 compagnies d'élite), 21 officiers, 654 hommes; 48ᵉ de ligne (3 bataillons), 41 officiers, 1.276 hommes; 1/2 batterie montée, 1 officier, 73 hommes; 1 section de montagne, 2 officiers, 56 hommes; maghzen, 1 officier, 100 hommes.
220 chevaux, 183 mulets.

comprendrons mieux les conditions dans lesquelles s'est produite la bataille, acte final d'une série de petites opérations préliminaires nécessitées par les circonstances.

Nous verrons également une suite de problèmes se poser au maréchal au point de vue de l'organisation des troupes, des ravitaillements, du maintien des tribus amies dans l'obéissance, des opérations pour fixer l'ennemi à *Oudjda* et l'amener à la bataille désirée. Nous nous trouverons en présence de questions stratégiques de haute envergure, relatives à la conquête du Maroc, questions que le maréchal et son lieutenant *Lamoricière* traiteront différemment, nous présentant les deux solutions encore actuellement à l'ordre du jour (1).

---

(1) Ces lignes ont été écrites en 1910.

CHAPITRE II

Entrevue du 15 juin. — Marche sur Oudjda. — Ravitaillements. — Création du port de Djemma-Ghazaouat. — Opérations dans la vallée de l'Isly. — L'ennemi se dérobe. — Projet de marche sur Fez. — L'armée du fils du sultan marche vers Oudjda. — Concentration des forces du maréchal. — Bombardement de Tanger par l'escadre du prince de Joinville.

ENTREVUE DU 15 JUIN

Dans une lettre en date du 10 juin, le maréchal *Bugeaud* écrivait au ministre de la guerre : « Je pars après-demain pour aller rejoindre le général *de Lamoricière*; j'ai le projet de demander, dès mon arrivée, des explications sérieuses aux chefs marocains. » Le maréchal veut faire cesser l'équivoque et être fixé sur le point de savoir si les Marocains veulent sincèrement la paix ou bien s'ils veulent la guerre. Dans le premier cas, le maréchal leur imposera une convention qu'il a préparée et qui délimitera nettement la frontière, arrêtera l'émigration des tribus au Maroc et réduira *Abd el Kadder* à l'impuissance. Dans le second cas, il est prêt à agir et se promet d'infliger une leçon sérieuse aux Marocains : « S'il faut faire la guerre, nous la ferons avec vigueur, car j'ai de bons soldats et à la première affaire les Marocains me verront sur leur territoire. »

C'est donc avec cette ligne de conduite bien nette que le maréchal avait rejoint le corps expéditionnaire à *Maghnia*. Il fit immédiatement proposer au caïd d'*Oudjda* une entrevue pour éclaircir la situation.

El Gennaoui s'empressa d'accepter, et le rendez-vous fut pris, pour le 15, aux environs du marabout de *Sidi-Mohamed-el-Oussini*, à peu de distance du camp français. Ce camp était établi depuis le 13, au nord-ouest de *Maghnia*, sur l'oued *Mouila*.

Le maréchal avait trouvé les troupes assez déprimées par la chaleur et aussi par la poussière intolérable qui régnait autour de la redoute; il s'était décidé, le jour même de son arrivée, à porter le camp dans un endroit plus frais, au bord de la *Mouila*. La cavalerie était déjà installée depuis quelques jours plus à l'est, dans une oasis de verdure voisine des eaux chaudes de *Hammam-ben-Rahra;* elle avait ordre de rejoindre, le 13, le corps expéditionnaire.

Le mouvement de déplacement du corps expéditionnaire de la redoute de *Maghnia* à son nouveau camp se fit dans la formation suivante : l'infanterie, l'artillerie et les bagages étaient répartis en trois colonnes et une arrière-garde :

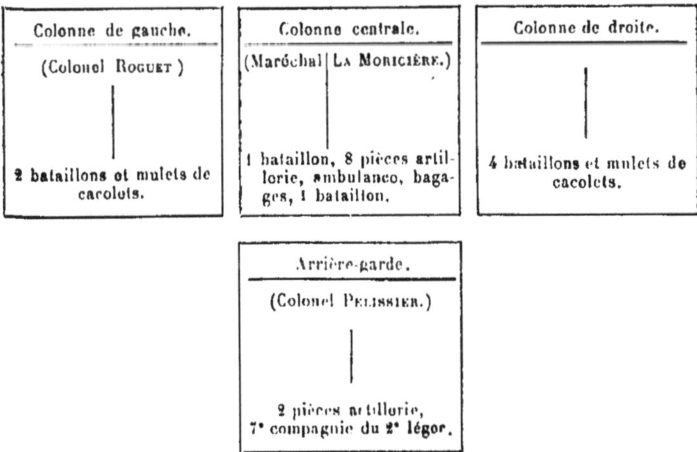

La cavalerie qui comprenait six escadrons marchait, ainsi que le maghzen, sur le flanc droit, le long de la *Mouila*.

Le mouvement se fait par la rive droite de la *Mouila*, c'est-à-dire en plaine ou mieux dans un terrain ondulé, mais découvert.

La formation indiquée plus haut sera prise par le maréchal dans tous ses mouvements en pays de plaine, en modifiant simplement la répartition des forces dans les colonnes, suivant les circonstances. On remarque les caractéristiques de cette formation : les parties non combattantes de l'ensemble sont mises à l'abri de toute injure, encadrées par l'infanterie; les éléments dont la puissance défensive est faible : artillerie, cavalerie, sont également placés de manière à être défendus par l'infanterie. La cavalerie est ici sur le flanc le plus fort, du côté opposé à la direction de l'ennemi, protégée par la *Mouila* obstacle très sérieux. Le maréchal réserve sa cavalerie, il la tient à l'abri et ne l'emploie que lorsque l'ennemi a été fortement éprouvé par le feu de l'infanterie ou lorsqu'une occasion se présente. Cette conception résulte de la constatation faite, que les Arabes ne mettent guère en ligne que de la cavalerie. Ils ont donc généralement la supériorité numérique pour cette arme, donc il paraît inutile d'engager un combat de cavalerie, et il est préférable de laisser l'infanterie recevoir le premier choc.

L'entrevue décidée entre le maréchal et l'amel d'*Oudjda* eut lieu, comme il était convenu, le 15, auprès du marabout d'*El Oussini*. A 11 heures du matin, une partie du corps expéditionnaire (quatre bataillons, quatre escadrons, vingt obusiers), sous les ordres de *Lamoricière*, vint se ranger en bataille, à 1.000 mètres en face d'une petite armée marocaine commandée par *El Kebibi* et comprenant environ 5.000 Marocains réguliers et irréguliers. Les parlementaires se rencontrèrent entre les deux armées. Le général *Bedeau* représentait le maréchal; il était tout désigné pour cet entretien. Il avait déjà eu, au cours de l'année précédente, plusieurs entrevues avec le caïd d'*Oudjda*, et, de plus, il croyait fermement à la possibilité de maintenir la paix. Il entra donc en conférence avec *El Gennaoui* avec les meilleures intentions à son égard, mais bientôt il put se rendre compte qu'il s'était fait des illusions. D'une part, les prétentions de l'amel étaient inadmissibles et, d'autre part, l'attitude de l'armée marocaine devint si menaçante, qu'il fut bientôt impossible de s'entendre. Le général et sa suite se retirèrent et rejoignirent heureusement les troupes de *Lamoricière*. Celui-ci, par mesure de prudence, donna le signal de la retraite vers le camp, et le mouvement commença, escorté bientôt par les Marocains qui s'animaient de plus en plus et passaient à l'offensive.

Le maréchal était demeuré au camp avec le reste du corps expéditionnaire, attendant le résultat de l'entrevue. Dès les premiers coups de fusil et dès qu'il fut au courant de ce qui se passait, il n'hésita pas une minute à se porter, avec les troupes qui lui restaient (trois bataillons et deux escadrons de spahis), à la rencontre du général *Lamoricière* pour lui faire faire demi-tour et attaquer l'armée ennemie. Il ne voulait pas de l'attitude timorée du 30 mai, attitude qu'il avait condamnée. « Si j'eusse été à la place de M. le général *de Lamoricière*, je n'aurais pas été si modéré et j'aurais poursuivi l'ennemi, l'épée dans les reins, jusque dans *Oudjda*. »

MARCHE SUR OUDJDA

Le maréchal rejoint bientôt le général *de Lamoricière* et fait prendre aux troupes le dispositif de combat suivant :

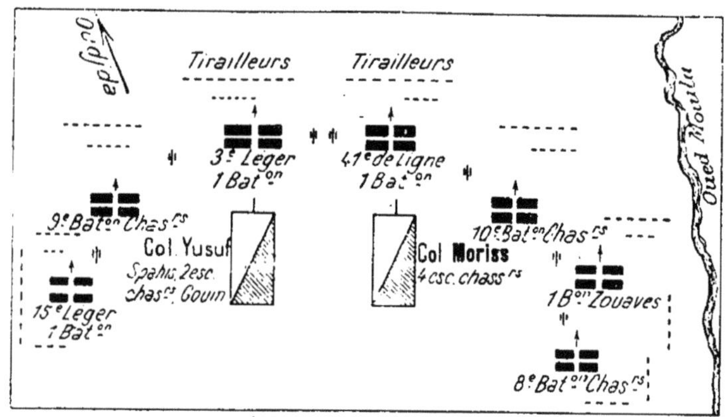

Les bataillons sont ployés en colonne par division à demi-distance et précédés de tirailleurs.

Cette formation met en évidence les principes fondamentaux de la tactique de combat, que le maréchal a adoptée en pays de plaine ou moyennement ondulé. On y trouve, en germe, le dispositif fameux « en tête de porc », que nous étudierons plus loin. Ces principes peuvent se résumer ainsi :

1° Disposer les unités de façon que le système offre le maximum de puissance défensive, à tout moment et dans les directions dangereuses;

2° Faire consister l'offensive dans le mouvement en avant du système; d'où nécessité d'articuler les bataillons pour leur laisser la liberté de marche;

3° Répartir l'artillerie dans les intervalles des bataillons pour qu'elle puisse répondre, instantanément, à toutes les attaques quelles que soient leurs directions et pour qu'elle soit gardée par l'infanterie qui la flanque de ses feux;

4° Réserver la cavalerie, qui devient le véritable élément offensif du système, au moment favorable.

Le corps expéditionnaire dans la formation que nous venons de décrire, marche sur l'ennemi pendant une heure environ et en appuyant dans la direction d'*Oudjda*. Les Marocains se jettent vers la droite de la colonne française dans l'espoir de longer la *Mouila* et d'atteindre le camp pour le piller. Mais, par une rapide conversion à droite, le maréchal les accule à l'oued où ils sont détruits en grande partie par les feux d'infanterie et par la cavalerie, lançée au bon moment. Le reste de l'armée marocaine s'enfuit débandée vers *Oudjda*.

Le soir même de la journée du 15 juin, le corps expéditionnaire reprenait son camp sous *Maghnia*.

Les événements de cette journée avaient montré qu'il n'y avait pas lieu de compter sur des négociations pour éclaircir la situation. D'autre part, l'agression des Marocains méritait une leçon. Le maréchal se décide donc à marcher sur *Oudjda*. Il espère que cette démonstration obligera le sultan ou ses représentants à se déclarer nettement. Cependant, il veut y mettre des formes et garder le beau rôle : « J'aurais le droit, écrit-il le 16 à l'amel d'*Oudjda*, de brûler vos villes, vos villages et vos moissons; mais je veux encore te prouver ma modération et mon humanité, parce que je suis convaincu que l'empereur *Abd er Rahman* ne vous a pas ordonné de vous conduire comme vous avez fait et que même il blâmera cette conduite. Je veux donc me contenter d'aller à Oudjda, non pour la détruire, mais pour faire comprendre à nos tribus qui s'y sont réfugiées, parce que vous les avez excitées à la rébellion, que je peux les atteindre partout et que mon intention est de les ramener à l'obéissance par tous les moyens qui se présenteront. Je te déclare en même temps que je n'ai aucune intention de garder *Oudjda*, ni de prendre la moindre parcelle du territoire de l'empereur du *Maroc*, ni de lui déclarer ouvertement la guerre. »

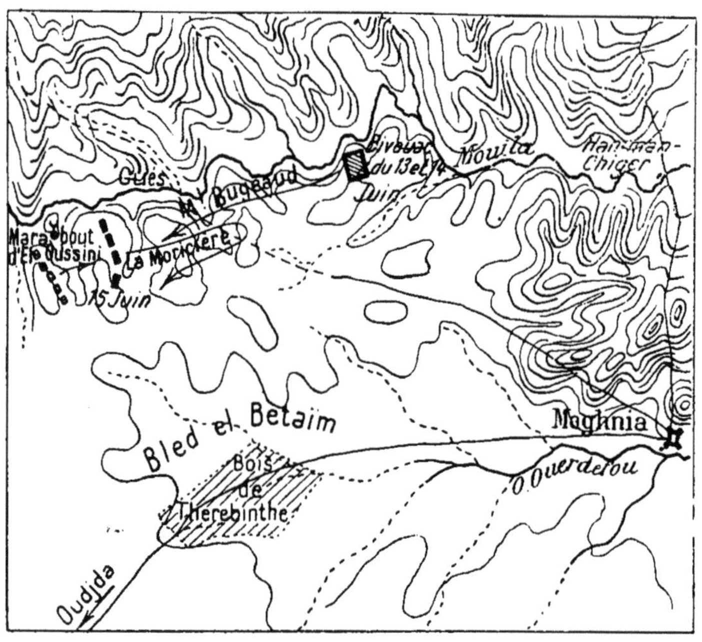

La journée du 16 se passe, au camp français, en préparatifs. Les troupes sont alignées à six jours de vivres dont deux seront portés par les mulets de l'ambulance. Un convoi de vivres est attendu de *Tlemcen* le 18, et servira aux ravitaillements ultérieurs.

Avant de quitter Maghnia, le maréchal adresse ses recommandations aux commandants des postes en arrière, afin de redoubler d'attention pendant son mouvement sur *Oudjda*. Des émissaires ont appris qu'*Abd el Kadder* cherchait à rentrer en Algérie par les Hauts-

Plateaux. Pour centraliser l'action des postes de surveillance des Hauts-Plateaux, le général *Lamoricière* est envoyé à *Sebdou.*

Ces précautions prises, le maréchal se met en route le 17 sur *Oudjda* par la vallée de l'*Isly*. Par suite de la chaleur, la marche fut lente et le corps expéditionnaire n'arriva que le 19 devant la ville qu'il trouva évacuée par les troupes marocaines. Celles-ci s'étaient retirées au delà de l'*Isly*, vers le *Djorf-el-Akdar*. Le camp français s'établit auprès des jardins qui entourent la ville d'une ceinture fraîche et verte, pendant qu'un détachement pénétrait au méchouar, y détruisait les approvisionnements de guerre et délivrait 1.500 Algériens de *Tlemcen* qu'*Abd el Kadder* y avait fait interner en 1836.

Le maréchal considéra la démonstration comme suffisante et donna ses ordres pour retourner le lendemain à *Maghnia*. Le mouvement de retraite se fit en trois colonnes disposées comme l'indique le croquis suivant :

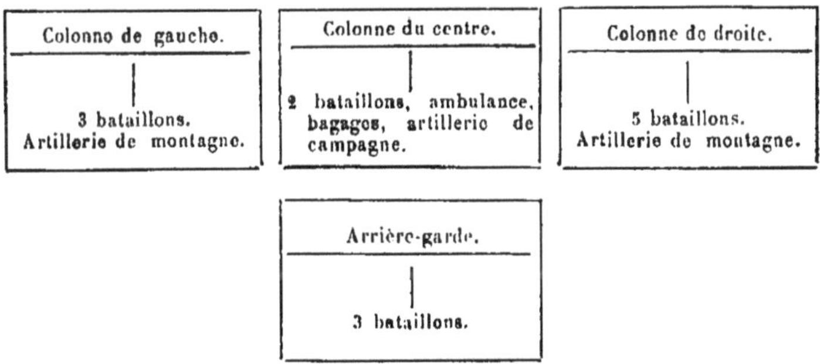

Les 1500 Tlemceni suivaient la colonne du centre. La cavalerie marchait à l'arrière-garde et observait la direction de l'ouest où s'étaient retirés les contingents d'*El Aribi* et d'*El Gennaoui.*

Aucune troupe ennemie ne se montra, et le corps expéditionnaire rentra à Maghnia le 22.

RAVITAILLEMENTS

Le maréchal n'avait qu'à attendre l'effet produit par sa pointe sur *Oudjda*, mais il prévoyait que la situation allait rester stationnaire assez longtemps. D'ailleurs un problème grave se posait à ce moment, celui du ravitaillement. Les convois arrivaient difficilement d'*Oran* par *Tlemcen;* le chemin était long et peu sûr. Le corps expéditionnaire était à la merci d'un retard ou d'une perte de convoi, les moyens de transport n'ayant pas été suffisants pour constituer à la redoute une réserve de vivres de plus de quatre à cinq jours, en dehors du service de l'alimentation journalière. Avec sa fertilité d'esprit habituelle, le maréchal s'était efforcé d'utiliser les ressources locales; un ordre faisait connaître que les troupes étaient invitées à moissonner aux environs du camp, l'orge leur serait remboursée par l'administration au prix de 7 francs le quintal, la paille au prix de 3 francs. Mais ce n'était là qu'un expédient, il fallait trouver autre chose. C'est alors que l'on pensa à chercher sur la côte de la Méditerranée, au nord de *Maghnia*, un point qui puisse servir de port de ravitaillement. On avait à choisir entre plusieurs mouillages : d'abord l'île de *Rachgoun*, à l'embouchure de la *Tafna* où nous avions eu des établissements en 1836 et 1837; ensuite le petit port de *Sidi-Loucha* où l'on voit, à fleur d'eau, les restes d'un quai romain; le point de *Mersa-Hanaïa* et enfin la rade de *Djemma-Ghazaouat*. C'est cette rade qui fut choisie, sur les instances du général *de Lamoricière*.

CRÉATION DU PORT DE DJEMMA-GHAZAOUAT

« Deux bonnes routes muletières, venant l'une de *Maghnia* par *Nedromah*, l'autre d'*Oudjda* et des *Beni-Snassen* par *Sidi-bou-Djenan* y aboutissent. « Le mouillage devant *Djemma-Ghazaouat*, couvert seulement des vents du sud et du sud-est et parsemé de quelques rochers, est cependant d'une bonne tenue; les grands navires ne peuvent s'approcher que jusqu'à 1.000 mètres du rivage, mais, par compensation, la côte étant droite, l'appareillage se fait assez facilement. La plage offre deux criques qui ne sont abordables qu'à des barques d'un très petit tonnage; l'une est ouverte à l'est, l'autre à l'ouest, ce qui permet de débarquer à l'une ou à l'autre, selon que le vent souffle de l'ouest ou de l'est. »

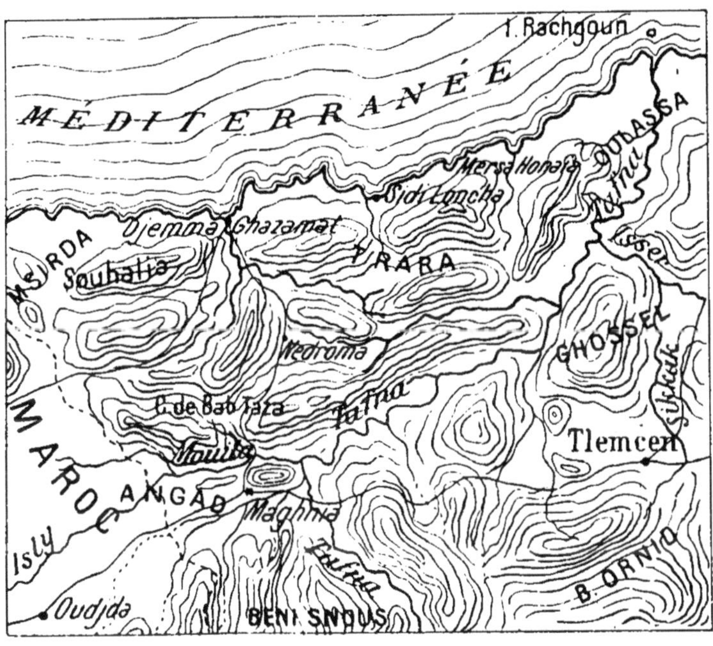

Le 23 juin, le corps expéditionnaire se portait à *Djemma-Ghazaouat* par le col de *Bab-Taza* et *Nédromah*. Le 25, il s'établissait sur la plage. Le même jour, étaient arrivés au mouillage, deux vapeurs de l'Etat remorquant des bricks qui apportaient des vivres d'*Oran*. Tous les hommes furent employés au débarquement du matériel et des vivres. Cette opération fut poursuivie jour et nuit sans interruption et fut terminée le 27, à midi.

Le corps expéditionnaire regagna alors *Maghnia* où il arriva le 29, ayant amené avec lui un grand convoi sous les ordres directs du général *Bedeau*. Le reste des approvisionnements laissés à *Djemma-Ghazaouat* fut confié aux *Souhalia* qui se chargèrent des transports ultérieurs sur *Maghnia*.

La question des ravitaillements ainsi heureusement solutionnée, le maréchal, de retour à *Maghnia*, n'avait plus qu'à penser aux opérations actives. Il était assez embarrassé sur la conduite à tenir. D'une part, il apprenait que des contingents marocains se rassemblaient de nouveau à *Oudjda*, et il recevait des appels pressants des tribus algériennes émigrées, qui lui demandaient de venir les chercher pour les ramener; d'autre part, le gouvernement lui adressait des instructions lui enjoignant de ne pas provoquer un conflit armé avec le Maroc. L'opinion en France s'était émue des combats du 30 mai, du 15 juin et de la marche sur *Oudjda*. Bien que le ministre de la guerre approuvât la conduite ferme du maréchal, les Chambres mettaient tout en œuvre pour éviter une guerre estimée inutile et dispendieuse. Les diplomates redoublaient leurs conseils ou représentations au sultan *Abd er Rahman*. Enfin, pour peser davantage sur le sultan et pour lui faire comprendre la gravité du danger qu'il courait, M. *Guizot* avait obtenu l'envoi sur les côtes du Maroc d'une escadre commandée par le prince de *Joinville*.

C'est donc, en quelque sorte, abandonné à lui-même que le maréchal va agir, assumant avec une parfaite liberté d'esprit les plus hautes responsabilités. Jusqu'à la bataille d'*Isly*, il ne cessera d'échanger avec les agents marocains des assurances de dispositions pacifiques, alors que, de part et d'autre, chacun se livrera à des actes flagrants d'hostilité. Le fond de la pensée du maréchal sera de précipiter les événements, de provoquer l'incident qui lui permettra d'agir énergiquement avec tous les moyens dont il dispose.

OPÉRATIONS DANS LA VALLÉE DE L'ISLY

Prenant pour prétexte le retour annoncé des *Angad* algériens, le maréchal se décide à aller à leur rencontre dans la direction d'*Oudjda*. Le 1er juillet, le corps expéditionnaire vint camper à *Ras-Mouila*, à l'endroit où la *Mouila* reçoit l'oued *Isly*, dénommé oued *Bou-Naime* dans la dernière partie de son cours. Dans la nuit du 2, le maréchal fait lever le camp et se porte en remontant l'*Isly* vers les hauteurs du *Djorf-el-Akdar*. Il pense ainsi surprendre un camp marocain signalé aux environs. C'est en somme, la même manœuvre qu'il fera plus tard, avec succès, le jour d'*Isly*. Malheureusement, cette fois-ci l'ennemi fut prévenu à temps par un de ses postes que l'armée française surprit, mais laissa échapper; de sorte que lorsque le corps expéditionnaire arriva, au jour, sur les hauteurs du *Djorf*, aucun camp ennemi n'apparaissait à l'horizon.

Le maréchal envoie alors le général *Bedeau*, l'homme des entrevues et conférences, escorté de trois bataillons, se mettre en rapport avec le caïd d'*Oudjda*, afin de rassurer et d'empêcher la population de fuir. Le général rencontra le caïd avant d'arriver à Oudjda; il lui transmit les protestations pacifiques du maréchal, puis rejoignit le bivouac sur l'*oued Isly*. Le soir même, un fort détachement de cavalerie marocaine vint reconnaitre le camp français, et tout le monde espérait pour le lendemain une rencontre avec l'armée ennemie qui était signalée depuis quelques jours. Dans la crainte de voir cette occasion lui échapper, le maréchal simula le lendemain matin une retraite sur *Maghnia*, de façon à encourager l'ennemi. Le mouvement se fit lentement en plusieurs colonnes par la plaine de la rive droite de l'*Isly*, sous la protection d'une arrière-garde qui avait pour mission d'amorcer l'attaque des Marocains. Ceux-ci se montrèrent bientôt en assez grand nombre et vinrent tirailler sur la colonne; une cavalerie en bon ordre suivait notre flanc gauche, à distance respectueuse; on apprit plus tard que ce n'était autre qu'*Abd el Kadder* avec 300 Kielas.

Lorsque le maréchal crut le moment venu, il fit faire demi-tour à ses troupes et prendre vivement l'offensive. Mais l'ennemi ne l'attendit pas, il s'enfuit à toutes jambes jusqu'à *Oudjda*. Le corps expéditionnaire revint prendre son bivouac de la veille sur l'*Isly*.

Devant cette inconsistance de l'ennemi et faute d'objectif précis, force fut de rentrer à *Maghnia*. La colonne y arriva le 5, elle était assez éprouvée par la chaleur et la fatigue; 125 malades furent évacués sur *Tlemcen*, et il fallait songer à laisser un peu reposer les hommes. Cependant le maréchal ne pouvait rester longtemps dans l'inaction; il prépara bientôt une nouvelle incursion sur le territoire marocain.

Ne pouvant rencontrer les contingents marocains, il résolut de s'enfoncer davantage dans la région au sud-ouest d'*Oudjda* pour essayer d'atteindre la « deira » d'*Abd el Kadder*, campée dans la haute vallée de l'*Isly*. Ce mouvement aurait, en outre, pour résultat de montrer les troupes françaises aux tribus turbulentes des montagnes, aux *Zecarra*, entre autres.

Le 8 juillet, les préparatifs de départ étaient terminés : les troupes étaient alignées à vingt-deux jours de vivres, huit sur les hommes, quatorze sur le convoi. Etant donné ce chargement, il était difficile d'aller vite, aussi le maréchal forma-t-il une colonne légère sous les ordres du général *Bedeau*, colonne qui précédait le corps expéditionnaire et était chargée d'ouvrir la voie, le cas échéant. La colonne légère partit à 1 heure du matin; le 11 juillet, elle arrivait au pied des *Zecarra*. Après un engagement peu sérieux, les troupes du général *Bedeau* pénétrèrent dans la montagne et détruisirent quelques villages ou gourbis. A la nouvelle de ce mouvement, la deira s'était enfuie. Léon *Roches* avait eu le jour même une entrevue avec *Bou Hamidi*, khalifat de l'émir, et il avait pu se rendre compte, par la conversation qu'il avait eue, que la situation d'*Abd el Kadder* était très précaire, mais que, malgré cela, l'émir ne désarmait pas, attendant patiemment l'intervention d'*Allah* pour rétablir ses affaires.

Du 13 au 15, le corps expéditionnaire parcourt la haute vallée de l'*Isly* sans réussir à joindre l'ennemi. Le 15, il reprend le chemin de *Maghnia*, en passant par les montagnes des *Beni-bou-Saïd* qui bordent à l'ouest la haute vallée de la *Tafna*. En cours de route, le 16, le général de *Lamoricière* fait sa jonction avec les troupes du maréchal, amenant le détachement de *Sebdou*, qui est relevé par quatre bataillons et un peu de cavalerie, sous les ordres du général *Bedeau*.

Le 19, le corps expéditionnaire était rentré à *Maghnia*, après cette expédition peu fructueuse de dix jours.

Le maréchal commençait à désespérer d'obtenir

une solution. Les contingents marocains rassemblés aux environs d'*Oudjda* étaient insaisissables; *Abd el Kadder* circulait librement sur le haut *Isly* et les négociations avec les représentants du sultan n'aboutissaient à rien. Devant une telle situation, que fallait-il faire ?

PROJET DE MARCHE SUR FEZ

C'est alors que le maréchal passe au projet gigantesque de marcher sur *Fez*. Dans le projet qu'il élabore, on trouve la marque de son génie audacieux. Il estime que l'opération demandera 20.000 fantassins, 1.500 cavaliers, une vingtaine de bouches à feu et des moyens de transport pour emporter un mois de vivres; il prévoit trois postes intermédiaires pour assurer ses derrières et permettre le ravitaillement de la colonne d'opération. Ces trois postes, il les voit probablement à *El-Aïoun*, *Oued-Zâ* et *Taza*.

Il est même tellement confiant dans ses troupes qu'il écrit au prince de *Joinville* : « J'irai (à *Fez*), je n'en doute pas, avec les troupes que j'ai, c'est-à-dire 6.000 à 7.000 hommes d'infanterie et 900 à 1.000 chevaux réguliers; mais il me manque des transports pour les vivres... »

Quand on se reporte aux conditions dans lesquelles une telle expédition pouvait être entreprise, en 1844, on est saisi d'admiration pour l'homme qui en conçoit l'exécution pratique avec une telle simplicité de moyens. Dans la façon dont il exprime sa conception, comme d'ailleurs dans tout ce qu'il entreprend, le maréchal *Bugeaud* laisse deviner une telle énergie, une telle confiance en lui et en ses troupes, qu'il est permis de penser qu'il aurait su réussir dans la marche sur *Fez*, malgré les difficultés de toutes sortes

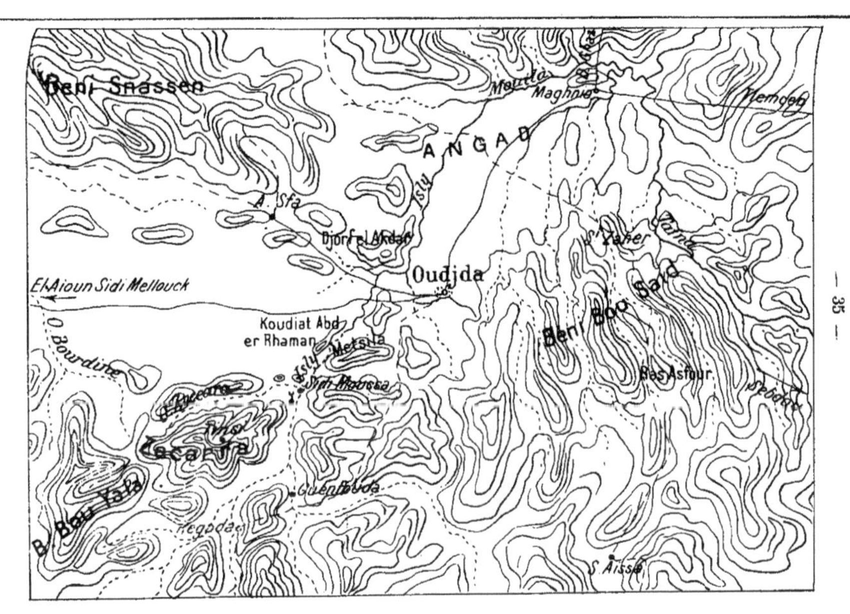
Beni Snassen
Maghnia
ANGAD
Isly
A. Sfa
Oudjda
El Aioun Sidi Mellouck
Koudiat Abd
er Rhaman
Metsila
Isly
Sidi Moussa
O. Bourdine
Beni Bou Saïd
Ras Asfour
Guenfouda
S. Aïssa

qu'il aurait eu à vaincre. Si le maréchal avait eu la latitude de mettre à exécution son plan, il l'aurait certainement perfectionné; il ne fait ici que d'en jeter les premières bases. Il aurait complété sa colonne par quelques éléments qui lui manquaient : « un petit équipage de pont et surtout de l'artillerie ». On voit qu'il savait combien l'appui moral du canon est appréciable contre les Arabes. Il aurait choisi le moment, la saison, question primordiale dans toute entreprise en Afrique.

Mais ce plan était tout platonique, le gouvernement aurait été effrayé d'une telle expédition et n'aurait jamais accordé au maréchal l'autorisation de l'entreprendre. Dans l'entourage immédiat de *Bugeaud*, les officiers qui avaient eu connaissance de ces projets étaient également presque tous d'avis qu'un tel plan n'était exécutable qu'avec des effectifs considérables. *Lamoricière* ne voyait pas la question sous le même jour; il avait d'ailleurs sa solution personnelle, nettement différente de celle du maréchal : « La base d'opération contre *Fez*, écrivait-il, n'est pas à *Lalla-Maghnia*, mais à *Tétuan*, à *Rabat* et à *Tanger*. »

Nous voyons donc *Bugeaud* et *Lamoricière* aborder, en 1844, un problème aujourd'hui à l'ordre du jour. Les conditions d'exécution sont actuellement autrement faciles qu'à cette époque, mais le thème stratégique reste le même. *Casablanca* et la zone frontière algéro-marocaine, telles sont les deux bases d'opération pour une expédition dirigée contre le centre du Maroc : *Fez* et *Merrakech* apparaissant comme les points à occuper et par suite à atteindre, après mise en déroute des contingents ennemis. Dans ces conditions, on peut ou adopter la solution de *Bugeaud*, ou celle de *Lamoricière*, ou, enfin, les combiner toutes les deux. Le cadre de cette étude ne nous permet pas d'aborder la discussion de ces solutions, solutions qui ont déjà été exposées et approfondies par des personnalités militaires faisant autorité.

Malgré son impatience d'arriver à sortir de cette situation énervante, le maréchal était obligé d'attendre les événements. Le gouvernement ne cessait de lui conseiller la prudence, de même qu'au prince de *Joinville*, qui croisait devant *Tanger*. De plus, la situation du côté marocain semblait tourner à la paix. L'amel d'*Oudjda, El Gennaoui*, avait été disgracié et son successeur *Sidi Hamida* était prêt à faire des concessions. Les pourparlers recommencèrent. Le 18 juillet déjà, le maréchal avait adressé à l'amel une lettre où il lui répétait ses conditions. Le 21, *Sidi Hamida* répondit qu'il allait tout mettre en œuvre pour réduire *Abd el Kadder* à l'impuissance.

Pour appuyer ses revendications, le maréchal se rapprocha d'*Oudjda* en remontant l'*Isly*. *Si Hamida* s'empressa d'annoncer qu'*Abd el Kadder* était interné, et que le propre fils du sultan arrivait de *Fez* avec pleins pouvoirs pour traiter avec le maréchal, khalifat du roi des Français.

L'ARMÉE DU FILS DU SULTAN MARCHE SUR OUDJDA

Bugeaud, rentré à *Maghnia*, profita du répit que lui donnait l'attitude des Marocains pour consolider sa situation en parcourant les tribus amies du voisinage. Il se porta chez les *Msirda*, à l'ouest de *Djemma-Ghazaouat*, pour étouffer un commencement d'infidélité. C'est au cours de cette reconnaissance qu'il reçut la confirmation de l'arrivée de *Moulay Mohamed* avec une forte armée recrutée à *Fez* et grossie en route par les contingents des tribus traversées. Une avant-garde était déjà arrivée sur l'*Isly*, à hauteur d'*Oudjda*, et s'y était installée.

Le maréchal se reporte alors sur Maghnia où il va, en prévision d'une bataille probable, reconstituer le corps expéditionnaire dont les hommes ont grand besoin de repos. La température est très élevée, le thermomètre marque régulièrement 45 degrés à l'ombre, les effectifs (1) fondent par suite des maladies et d'une alimentation insuffisante. Le maréchal transporte le camp dans un bois de térébinthes, en avant de *Maghnia*, où règne une fraîcheur relative. Il réorganise le service des subsistances et constitue des approvisionnements. La charge des hommes et des chevaux est allégée, le biscuit est remplacé par de la farine en sachets. Les compagnies sont dotées de petits moulins arabes pour moudre le blé provenant de la moisson que les cavaliers vont faire journellement dans la plaine des *Angad*. Chaque compagnie reçoit également quatre peaux de bouc pouvant contenir chacune trente litres d'eau. Ces récipients étaient portés par des petits ânes ou par des mulets du train. On distribue de temps à autre des rations de viande supplémentaires.

Jusqu'au jour de la bataille, le corps expéditionnaire ne fera plus d'opérations, si ce n'est quelques reconnaissances à faible effectif et à courte portée dans la direction d'*Oudjda*. Les renseignements sur l'ennemi se précisent, et le maréchal espère avoir enfin devant lui un adversaire qu'il puisse attaquer et vaincre. Les émissaires de Léon *Roches*, chargés de centraliser les renseignements, confirment l'arrivée de

(1) L'effectif du corps expéditionnaire était, à la date du 22 juillet, de : 309 officiers, 8.874 hommes; 1.870 chevaux; 824 mulets.

nombreux échelons de l'armée du fils du sultan *Moulay Mohamed*. Les contingents sont animés de l'esprit le plus belliqueux. Le 1er août, une de nos reconnaissances revint après avoir vu un camp assez vaste, établi au *Koudiat-Abd-er-Rahman;* chaque jour des spahis ou des Arabes amis annoncent qu'ils ont vu de nouveaux camps se former sur l'*Isly*.

L'éventualité d'une bataille devenait de plus en plus probable. Le fils du sultan avait bien écrit, dès le 29 juillet, une lettre au maréchal pour lui proposer la paix, mais toujours avec la condition d'évacuer *Maghnia*. *Bugeaud* avait répondu, fidèle à sa ligne de conduite, qu'il désirait vivement la paix, mais qu'il n'évacuerait pas *Maghnia*. Les relations avaient été rompues de ce jour. Le maréchal se préparait donc au combat et il souhaitait cette rencontre le plus proche possible, car sa situation devenait critique par suite des maladies qui prenaient la forme d'épidémies, et par suite également des difficultés du ravitaillement par *Djemma-Ghazaouat* et par *Tlemcen*.

On conçoit quel dut être son désappointement et son mécontentement, lorsque, le 7 août, il reçut, au camp, le colonel *Foy*, aide de camp du ministre, qui venait le trouver avec la mission avouée de l'engager à temporiser de façon à éviter la guerre ouverte avec le sultan.

Le maréchal reçut fort mal ces conseils; il jugeait que la situation du corps expéditionnaire exigeait l'offensive, et que lui seul était à même de savoir nettement quelle conduite il pouvait et devait tenir. Avec sa franchise un peu brutale, il écrivit le lendemain même au ministre : « J'ai devant moi un camp de 15.000 à 20.000 hommes; nous savons qu'il y a un autre camp à *Taza*, peut-être en route pour venir joindre celui-ci. On peut encore soulever toutes les montagnes du côté du *Rif* et des *Beni-Snassen* et amener contre nous tous ces montagnards; il faudra donc attendre la concentration de toutes ces forces ! Si, au contraire, j'étais libre de faire la guerre comme elle doit être faite, je sommerais le fils de l'empereur de répondre, dans les vingt-quatre heures, s'il accepte la suspension d'armes que je lui ai proposée et s'il renonce à la prétention de nous faire évacuer *Lalla-Maghnia*. S'il me répondait non, je marcherais sur lui et j'attaquerais ce premier camp. Au lieu de cela, que m'ordonnez-vous ? 1° d'attendre la concentration de forces énormes; 2° de perdre cette force morale sur les peuples et sur mes soldats, que j'avais acquise pas une attitude énergique et offensive. Plus j'y réfléchis, Monsieur le Maréchal, plus cette situation me paraît funeste, je dirai même intolérable..., etc. »

Cette lettre, remarquable par sa netteté et sa décision, évoque des hauts principes de tactique et de conduite des troupes qui prouvent que le maréchal était de l'école napoléonienne. Il était aussi apte à la grande guerre qu'à la guerre d'Afrique; il l'avait d'ailleurs prouvé en Espagne et dans les Alpes. Il est regrettable que cette saine doctrine ne se soit pas transmise aux généraux d'Afrique de la génération suivante. Ces derniers n'auraient pas oublié que la guerre contre les Arabes n'était qu'un cas extrêmement particulier, et qu'il n'y avait pas lieu de négliger l'étude des vrais principes de tactique sur un autre théâtre et en face d'un adversaire instruit, organisé et bien armé.

CONCENTRATION DES FORCES DU MARÉCHAL

A partir du 8 août, le maréchal *Bugeaud* est décidé à prendre sur lui l'entière responsabilité des événements. Il va chercher la bataille; il a déjà dans l'esprit la manœuvre qu'il fera et, pendant cinq jours, il complètera, perfectionnera son plan dans tous ses détails.

A partir du 8 août, également, la cavalerie reçoit l'ordre de fourrager tous les matins dans la direction d'*Oudjda*. Ce déploiement régulier de forces a pour but d'endormir la méfiance des Marocains en les habituant à voir du monde tous les jours dans la plaine.

Le 9, le maréchal reporte son camp en arrière, il l'établit à un kilomètre environ, en aval de la redoute de *Maghnia*, au confluent de l'*Oued-er-Defou* et de l'*Oued-el-Abbès*, dans un terrain en contre-bas entouré et parsemé de frênes et de térébinthes. Ainsi placé, le camp n'est plus visible de loin, et sa disparition passera inaperçue aux Marocains, le jour où le maréchal décidera de marcher à l'attaque. Le bivouac de l'*Oued-el-Abbès* était, en effet, si bien masqué que dans les journées suivantes les reconnaissances marocaines vinrent tirailler, sous la redoute, sans découvrir le camp français; elles crurent que le maréchal s'était retiré sur *Tlemcen* ou était parti en reconnaissance, en laissant seulement une garnison de sûreté dans la redoute.

Pour réunir tous les moyens dont il peut disposer, le maréchal appelle à lui le détachement de Sebdou, ainsi que deux escadrons de hussards, récemment arrivés à *Tlemcen*.

Pendant ce temps, l'armée ennemie se grossissait, elle était évaluée à environ 30.000 cavaliers, dont la garde noire; 2.000 ou 3.000 fantassins et 11 canons.

Le 10 août, un de nos escadrons qui fourrageait dans la plaine fut vivement attaqué par un détachement de la garde noire et, chaque jour, nos reconnaissances signalaient des renforts en marche vers le camp ennemi, où régnait une vive agitation.

Le maréchal, impatient, attendait que l'ennemi vînt l'attaquer ou, mieux, qu'un incident se produisît, lui fournissant le prétexte de prendre l'initiative de l'attaque.

BOMBARDEMENT DE TANGER PAR LE PRINCE DE JOINVILLE

Cet incident se produisit sur mer. Le 1er août, l'escadre du prince de *Joinville* était apparue devant *Tanger*, attendant la réponse que le sultan allait donner à l'ultimatum qui lui avait été adressé. Le 2, date à laquelle devait parvenir cette réponse ,on n'avait encore aucune nouvelle, et l'on apprenait que les démarches pacifiques faites par les consuls français et anglais après du sultan ou de ses représentants étaient restées sans résultat. Le 4, M. *de Nion* quittait *Tanger* et se retirait à bord du *Suffren;* le 6, le consul anglais, M. *Drummond-Hay*, quittait également son poste et s'embarquait à *Mogador*. Dans ces conditions, le prince de *Joinville* se considéra comme autorisé à ouvrir les hostilités. Le 6 au matin, l'escadre bombardait *Tanger*.

Le prince de *Joinville* avait été amené à brusquer les choses, malgré ses instructions pacifiques, en quelque sorte sous l'influence du maréchal *Bugeaud*. Celui-ci lui avait écrit, dans l'état d'esprit où l'avait mis l'ordre d'éviter la guerre, qu'il considérait qu'il était trop tard et que la guerre existait déjà de fait, que, par conséquent, il était prêt à agir par les armes. Quant au prince, il lui reconnaissait le droit de suivre une marche différente et d'employer des moyens dilatoires. Au reçu de cette lettre, le prince de *Joinville* avait écrit au ministre (25 juillet), en lui résumant la déclaration du maréchal *Bugeaud* : « Mes instructions me prescrivent de commencer les hostilités dans le cas prévu d'une semblable déclaration de la part du maréchal. J'ai fait mon possible pour lui faire parvenir mon opinion; comme vous le voyez, par sa lettre, je n'ai pas réussi. Il suit une marche contraire à mes idées; mais outre que mes instructions me prescrivent d'agir comme lui, je crois qu'à une grande distance de France, quelle que soit la différence d'opinion, il faut *unité de vue et d'action entre les agents du gouvernement*. Or, entre M. le Maréchal et moi, c'est moi qui dois céder; je m'incline devant son grade, son âge, son expérience. Puisqu'il fait la guerre sous sa responsabilité, puisqu'il a recours à ce moyen extrême pour obtenir la paix, puisqu'il me place dans un des cas prévus par mes instructions, celui où la guerre serait positivement déclarée et engagée, je me tais et je ferai tous mes efforts pour le seconder. »

La nouvelle du bombardement de *Tanger* arriva à *Maghnia*, par *Djemma-Ghazaouat*, le 11 août. On juge de la satisfaction que dut éprouver le maréchal en l'apprenant; c'était là le prétexte attendu. Il répondit immédiatement au prince de *Joinville* par cette phrase qui devait se réaliser exactement : « Le 14, au plus tard, j'ai la confiance que nous aurons acquitté la lettre de change que la flotte vient de tirer sur nous. »

Nous allons voir, dans le chapitre suivant, le maréchal donner ses ordres pour l'opération qu'il a déjà arrêtée depuis plusieurs jours dans son esprit. L'étude de son plan ainsi que celle des instructions de détail qu'il élaborera pour l'exécution de ce plan, va nous mettre en présence d'une solution élégante et originale d'un problème tactique assez fréquent dans la guerre d'Algérie : l'enlèvement par surprise d'un camp ennemi.

CHAPITRE III

Etude du plan d'opération du maréchal Bugeaud. — Conditions du problème. — Marche d'approche. — Eventualités qui peuvent se produire. — Formation de marche et de combat. — Préparation morale du corps expéditionnaire.

ÉTUDE DU PLAN D'OPÉRATION DU MARÉCHAL BUGEAUD

Le 10 août, Léon *Roches* avait remis au maréchal un travail contenant des renseignements, aussi précis que possible, sur les camps ennemis et sur l'armée du fils de l'empereur. Ce document, complété par les indications que l'on possédait déjà, permettait de dégager les constatations suivantes, relativement à la situation des deux partis en présence : l'armée marocaine se rassemblait à environ 32 kilomètres du camp français; elle se renforçait chaque jour par de nouveaux contingents. Elle était actuellement composée presque uniquement de cavalerie, mais il était à craindre que des renforts d'infanterie n'arrivent des montagnes du *Rif* et des *Beni Snassen*. Les forces morales de cette armée augmentaient à mesure que ses forces matérielles s'accroissaient; son esprit belliqueux, son orgueil, étaient arrivés à un tel point, que l'on parlait ouvertement de reconquérir l'Algérie : « C'était une véritable croisade pour rétablir les affaires de l'islamisme. »

D'autre part, une certaine hésitation se manifestait chez les tribus amies voisines de *Maghnia* et de *Djemma-Ghazaouat*. La présence du fils du sultan, non loin d'elles, avec une puissante armée de fidèles, réveillait leurs aspirations d'indépendance et leur haine du chrétien.

L'armée française à Maghnia, au contraire, était réduite à ses propres forces; elle n'avait pas à attendre de renforts. Plus elle attendait, plus ses effectifs baissaient par suite des maladies, plus les difficultés du ravitaillement s'aggravaient aussi. Enfin, l'incertitude et l'inaction risquaient de détruire le moral des troupes. Le temps travaillait contre l'armée française.

Dans ces conditions, il semble qu'il n'y avait pas à hésiter : il fallait chercher une rencontre le plus tôt possible.

Nous avons vu que telle avait été la décision du maréchal *Bugeaud*. Ce n'était cependant pas l'opinion de certains généraux et officiers du corps expéditionnaire, qui estimaient qu'il était téméraire de tout remettre au sort d'une bataille, que « c'était jouer toute sa fortune sur un seul coup de dé » et qu'il valait mieux temporiser pour attendre des renforts.

« A chaque instant, le maréchal était supplié de se retirer sur une bonne position défensive, pour y attendre des renforts et ne pas subir, en rase campagne, un choc irrésistible (1). »

Ces esprits timorés étaient effrayés par les renseignements qui parvenaient du camp ennemi : « En dehors du chiffre fantastique des effectifs réguliers, on parlait d'une artillerie formidable, commandée par des renégats espagnols, et d'innombrables contingents fournis par des tribus sauvages, accourues du fond des déserts et fanatisées par leurs marabouts (1). » Livrer bataille à de telles masses, c'était courir à un échec qui entraînerait la perte de l'Algérie entière. Heureusement cette école timide de la défensive n'était

(1) Du Barail, *Mes Souvenirs*.

pas celle de *Bugeaud*, dont la doctrine ne vivait que d'offensive. Le maréchal ne se laissait pas intimider par les racontars sur la puissance de son adversaire : « J'ai depuis longtemps, disait-il, l'habitude de recevoir des rapports sur les effectifs de l'ennemi que j'envoie reconnaître ou apprécier. Et ma vieille expérience m'a appris qu'il faut généralement réduire les évaluations de moitié ou des trois quarts. » D'ailleurs, il sentait parfaitement que reculer devant les Marocains et au milieu de populations frémissantes, c'était perdre tout le prestige acquis pendant les dernières campagnes et remettre en question une grande partie de la conquête.

Le maréchal, confiant dans ses troupes et dans sa valeur personnelle, affermit donc sa décision de chercher la bataille, malgré les conseils temporisateurs de son entourage, malgré aussi les instructions du gouvernement. Aussi, à ce point de vue, on peut dire avec le général *du Barail que* « la situation du maréchal était tout à fait exceptionnelle, sa responsabilité écrasante, et qu'il lui fallait une force d'âme peu commune pour traverser ces circonstances critiques avec sa belle humeur, son calme imperturbable et la certitude du succès ».

CONDITIONS DU PROBLÈME

La décision prise de chercher la bataille, deux solutions pouvaient se présenter :

1° L'armée marocaine prenait l'initiative de l'attaque et se portait sur *Maghnia*.

Cette solution avait l'avantage d'éviter à l'armée française une marche d'approche pénible par la chaleur excessive qui ne cessait de régner; mais elle avait de nombreux inconvénients pour nous. Elle laissait aux Marocains l'avantage de se préparer et d'attaquer à leur heure. Elle les éloignait de leur camp et leur permettait, en cas d'échec, d'aller se refaire en arrière.

D'autre part, le maréchal ne pouvait attendre que l'armée ennemie se décidât à venir l'attaquer, il fallait une solution immédiate. C'est ce qu'il exprimera de la façon suivante dans son rapport du 17 août : « J'aurais préféré, par ces chaleurs excessives, recevoir la bataille que d'aller attaquer un ennemi qui était à huit lieues de moi, mais les dangers d'une plus longue attente me décidèrent à prendre l'initiative. »

2° Le corps expéditionnaire se portait à l'attaque des camps marocains.

Cette solution était celle qui répondait le mieux à la situation de l'armée française et à la nécessité d'arriver promptement au règlement de la question. Un succès sur l'armée marocaine surprise pouvait être définitif et terminer le conflit en une seule rencontre. Le maréchal n'avait pas hésité longtemps à prendre cette solution.

La décision prise d'attaquer, la question se posait de savoir comment il fallait attaquer. Les camps marocains étaient à une distance de 30 à 35 kilomètres; on ne pouvait les aborder qu'après deux étapes. Si l'on marchait carrément, en plein jour et sans précautions, vers les camps ennemis, l'armée marocaine prévenue dès la première journée de marche, aurait tout le temps de prendre ses dispositions. Ou elle refuserait le combat en levant ses camps et en se retirant vers l'intérieur du pays; ou elle accepterait la bataille, et alors elle choisirait son terrain et son moment favorable. La première éventualité, la retraite de l'ennemi, était celle que le maréchal craignait par-dessus tout, car c'était éterniser la situation énervante dans laquelle il vivait depuis un mois. La deuxième éventualité menait à une rencontre, nul doute qu'elle se terminât pour nous par un succès, mais l'ennemi ayant toute sa liberté de manœuvre pouvait se retirer à temps de la lutte; on risquait de ne remporter qu'un demi-succès.

Ce raisonnement conduisait tout naturellement à l'idée de *surprendre* l'ennemi; le surprendre dans ses camps, après une marche d'approche dérobée.

Le maréchal savait mieux que personne que dans la guerre d'Afrique les camps deviennent souvent l'objectif principal. Pour une armée musulmane, c'est un point vital; s'emparer de son camp, c'est lui porter un coup fatal, qui la met hors de cause pour longtemps. Lorsque l'armée ennemie s'est éloignée de son camp, il vaut quelquefois mieux la négliger tout d'abord pour marcher sur le camp. Cette dérogation au principe de tactique, qui dit que l'objectif principal doit être l'armée ennemie, montre, une fois de plus, que la guerre d'Afrique est une guerre très particulière qui demande l'emploi de certains procédés qu'il ne faut pas transporter ailleurs sans réflexion.

D'ailleurs, la plupart du temps, en marchant sur le camp ennemi, on est sûr de rencontrer l'adversaire, accouru pour défendre son bien.

Le maréchal *Bugeaud* savait qu'il en serait ainsi. Ce qu'il désirait, c'était s'approcher assez près des camps marocains, et assez à l'improviste, pour que l'armée ennemie n'ait pas le temps d'abattre ses tentes et de fuir. Quant à l'issue de la rencontre, de la bataille, il n'avait aucune crainte à ce sujet.

MARCHE D'APPROCHE

La grosse question dans le problème qui se posait ainsi, était la marche d'approche de 30 à 35 kilomètres, dans un pays relativement plat et très découvert.

1° Cette marche devait être dérobée et rapide.

2° Elle devait amener le corps expéditionnaire à proximité des camps ennemis, *au petit jour*, de façon à pouvoir livrer le combat avant la grande chaleur.

Il résultait de ces conditions que la dernière partie de la marche d'approche devait se faire de nuit. Comme il fallait aller vite, il n'y avait pas lieu de stationner longtemps entre la première et la deuxième étapes. Enfin, il fallait que la marche en plein jour durât le moins longtemps possible, pour éviter d'être découverte par l'ennemi. On arrivait donc facilement à cette conclusion qu'il fallait partir dans l'après-midi de la veille du jour où l'on voulait attaquer l'ennemi.

La nécessité de faire une courte étape en plein jour avait pour grave inconvénient de rendre plus longue la dernière partie de la marche d'approche et d'arriver, avec des troupes fatiguées, au combat. Un retard, un à-coup dans la marche et le corps expéditionnaire manquait sa surprise, en n'arrivant plus au petit jour sur les camps. Nous verrons plus loin l'importance de cette remarque.

On peut donc se demander s'il n'aurait pas été préférable de partir dans la matinée de la veille du jour du combat au lieu de l'après-midi et de gagner franchement 20 à 25 kilomètres jusqu'à la nuit, de façon à n'avoir plus que 8 ou 10 kilomètres à faire de nuit. Cette solution était à rejeter; d'abord, parce qu'il était dangereux de montrer la marche du corps expéditionnaire pendant toute la journée et ensuite, et surtout, parce qu'il ne fallait pas songer à faire marcher des troupes en pleine chaleur. par 45 degrés à l'ombre; on ne pouvait faire l'étape que le matin de très bonne heure, ce qui aurait conduit à un stationnement de jour, en pleine vue.

La solution adoptée par le maréchal paraît donc la plus logique, étant données toutes les conditions à satisfaire. Comment dérober aux vues de l'ennemi la partie de la marche d'approche faite l'après-midi, c'est-à-dire au grand jour ?

Le maréchal a trouvé un procédé qui est à retenir. Il envoie depuis plusieurs jours toute sa cavalerie fourrager chaque matin dans la plaine des *Angad*, vers *Oudjda*. Les escadrons se déploient sur un grand front et font du volume. Cette cavalerie reste dans la plaine une bonne partie de la journée et rentre le soir, au camp, avec sa moisson. Ce mouvement journalier entre *Maghnia* et les environs d'*Oudjda* permettra, le jour venu, de lancer un rideau de cavalerie en avant du corps expéditionnaire, sans que les Marocains s'inquiètent; derrière ce rideau le gros manœuvrera à l'abri des vues.

Par ce procédé, on gagnera la première étape. Quelle sera cette étape ? Il faut compter sur cinq heures de marche au maximum (de 2 à 3 heures, à 7 ou 8 heures). Donc, avec une vitesse réduite par suite de la lourdeur de la colonne, telle qu'elle sera organisée, il ne faut pas espérer faire plus de 15 à 16 kilomètres. Cette première étape amènera donc le corps expéditionnaire dans la zone hachurée sur le croquis suivant :

Après un stationnement de quelques heures, pour laisser reposer hommes et chevaux, le corps expéditionnaire devait se remettre en route pour accomplir, de nuit, la dernière partie de la marche d'approche. Deux itinéraires s'offraient pour cette marche : l'un, marqué n° 1 sur le croquis ci-dessous, par la rive droite de l'*Isly* et la plaine, l'autre (n° 2) par la rive gauche

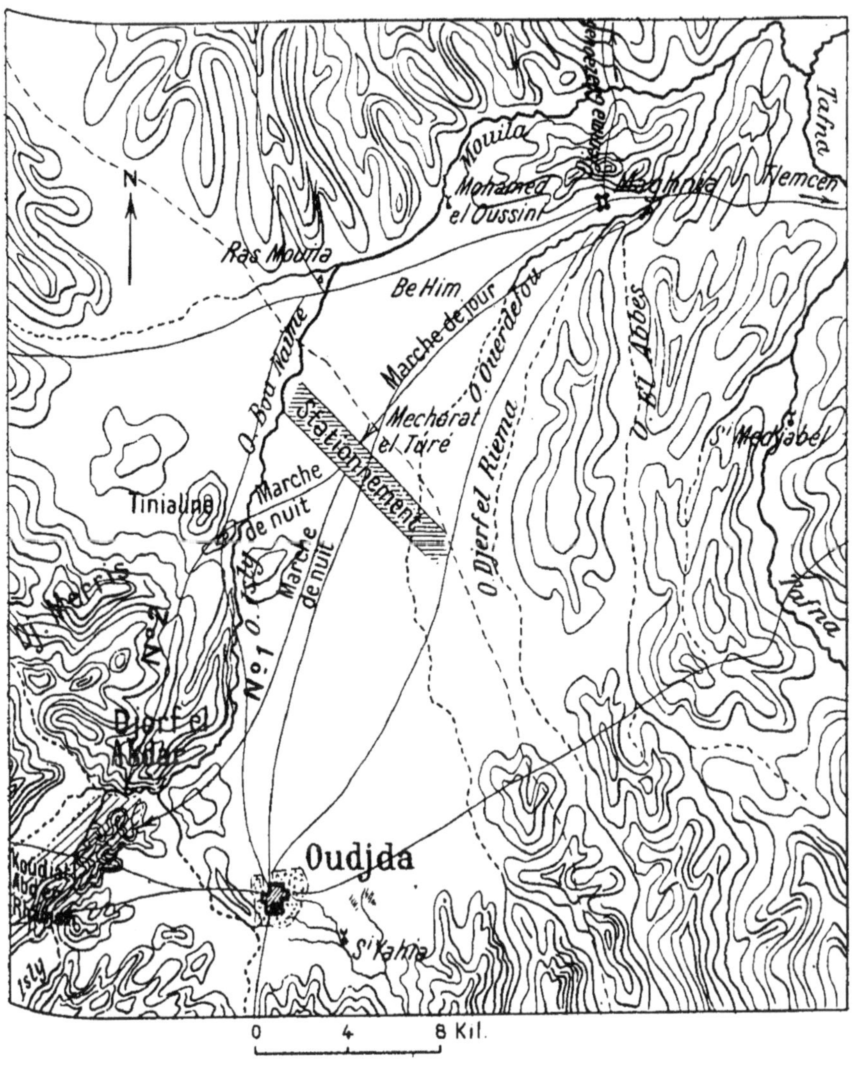

et les collines qui font partie des hauteurs du *Djorf-el-Akdar*. L'itinéraire n° 1 est le plus long, il a l'inconvénient d'être en pays entièrement découvert et d'aborder les camps par l'est, c'est-à-dire en mettant le corps expéditionnaire entre l'armée ennemie et *Oudjda*, occupé par des troupes marocaines. Il est également difficile de couper l'ennemi de sa ligne de retraite sur *Fez*. L'itinéraire n° 2 est plus favorable, il suit un couloir qui amène au *Djorf-el-Akdar* sans que l'on rencontre de sérieuses difficultés de terrain; il n'y a que le passage de l'*Isly* à hauteur des mamelons de *Tinialine*. Il permet de s'approcher des camps sans que l'éveil soit donné, même en terminant la marche de jour, le terrain masquant le mouvement pour des observateurs placés dans la plaine et à *Oudjda*. C'est le chemin le plus direct pour aborder l'objectif et, par sa direction même d'attaque, l'armée française se trouvera à même de couper l'ennemi de la direction d'*El-Aïoun*.

C'est ce dernier itinéraire que le maréchal choisit. Il a été établi avec soin et reconnu par le commandant *de Martimprey*, qui a eu le temps d'étudier et de lever le terrain de cette région, pendant les opérations du mois de juillet. C'est à cet officier remarquable que revient en grande partie la mise au point de certains détails d'exécution de la manœuvre d'*Isly;* c'est lui-même qui conduira le corps expéditionnaire le jour de la bataille.

Nous avons ainsi terminé l'étude de la marche d'approche, qui, en résumé, comprend une marche de jour, un stationnement et une marche de nuit. L'économie de l'opération conçue par le maréchal est parfaitement indiquée dans la lettre qu'il écrivit au ministre de la guerre, le 13 août au matin, c'est-à-dire le jour même où il a fait son mouvement : « Ayant rallié hier M. le général *Bedeau*, je me décide à me porter ce soir en avant. Je ferai trois lieues dans la plaine jusqu'à l'entrée de la nuit, en simulant un grand fourrage. Je m'y arrêterai en ordre de marche; j'y ferai dormir mes colonnes pendant quelques heures, et demain, au petit point du jour, j'arriverai sur l'*Isly*, à deux lieues de la tête des camps de l'ennemi. Je ferai là une halte d'une heure, si je n'y trouve pas l'ennemi, pour faire boire les hommes et les chevaux, et puis je me porterai en avant pour attaquer, si l'ennemi est encore à la même place... »

ÉVENTUALITÉS QUI PEUVENT SE PRODUIRE

La marche d'approche étant préparée et l'itinéraire choisi comme nous venons de le voir, il restait à étudier les différentes éventualités qui pouvaient se produire. Nous avons indiqué plus haut que l'objectif principal du maréchal était le *camp* ennemi, mais qu'il était persuadé qu'il trouverait l'armée adverse avant, soit qu'elle vînt au-devant de l'armée française, soit qu'elle s'interposât entre cette dernière et ses camps. C'est cette certitude d'avoir à livrer bataille avant d'arriver aux camps marocains, qui explique que le maréchal se soit contenté de renseignements assez approximatifs sur l'emplacement de ces camps. Le 11 août, il écrit : « D'une vigie à signaux que j'ai établie sur une butte élevée à l'ouest de *Lalla-Maghnia*, on aperçoit le camp marocain, *qui paraît être* sur les collines de la rive droite de l'*Isly*, à deux lieues environ en arrière d'*Oudjda*. »

Enfin, le 13, jour même du départ pour l'attaque, l'emplacement exact des camps n'est guère plus précis dans l'esprit du maréchal : il ne possède que des renseignements assez vagues provenant d'isolés et non de reconnaissances : « Ce matin (13 août), il nous est arrivé un spahi qui dit avoir parcouru tous les camps. Ces camps sont, selon lui, au nombre de neuf, étendus sur l'*Isly*, depuis *Djorf-el-Akdar* jusqu'à *Koudiat-Sidi-Abd-er-Rahman*, c'est-à-dire dans un espace de deux lieues. Quatre de ces camps seraient composés de troupes marocaines ou de maghzen, un cinquième renfermerait la maison du fils de l'empereur, ses concubines, ses bagages, ses chevaux de main, etc., etc...; celui-là, dit-il, est presque aussi grand que le nôtre. Les quatre autres camps sont composés des contingents des tribus.

» D'autres Arabes, qui ont vu les camps des collines voisines, disent qu'il n'y a que cinq camps ; mais qu'il en arrive tous les jours... »

On est assez étonné de voir le maréchal se contenter « d'on dit » et « d'à peu près », sur un point aussi important. Il semble qu'il y avait lieu d'envoyer quelques patrouilles ou reconnaissances de cavalerie, bien commandées, afin de chercher le renseignement précis qui manquait. Tout au moins, le 13 au matin, une pointe aurait pu vérifier l'emplacement des camps ; il y avait beaucoup de chance pour que cette petite fraction arrive sur un point d'observation sans attirer l'attention; le pays est découvert et l'on voit de loin. Cette pointe aurait apporté au maréchal les indications nécessaires pour préciser où commençaient les camps. Au lieu de cela, le maréchal se contente de savoir que ces camps se trouvent dans une zone de dix kilomètres de profondeur. Il pense qu'ils commencent sur l'*Isly* au pied du *Djorf-el-Akdar* et qu'ils s'étendent jusqu'au *Koudiat-Abd-er-Rahman*. Il table sur ces données pour envisager les éventualités qui peuvent se produire : « Au petit point du jour, j'arriverai sur l'*Isly* (premier passage à *Tinialine*), à deux lieues de la tête des camps de l'ennemi (supposés commencer au *Djorf-el-Akdar*). Je ferai là une halte d'une heure, *si je n'y trouve pas l'ennemi*, pour faire boire les hommes et les chevaux, et puis je me porterai en avant pour attaquer, *si l'ennemi est encore à la même place. S'il était reployé sur sa queue* (*Koudiat-Abd-er-Rahman*), il est probable que je m'arrêterais à *Djorf-el-Akdar* pour laisser passer la grande chaleur, et que j'attaquerais le soir, ou, au plus tard, le lendemain matin. »

Voilà donc trois cas bien nets :

1er *cas*. — L'ennemi prévenu, ayant éventé la marche du corps expéditionnaire, vient l'attendre et l'attaquer au petit point du jour, au passage de l'*Isly*, aux gués de *Tinialine*. Beaucoup d'officiers pensaient qu'il en serait ainsi, et c'est ce qui explique le mécon-

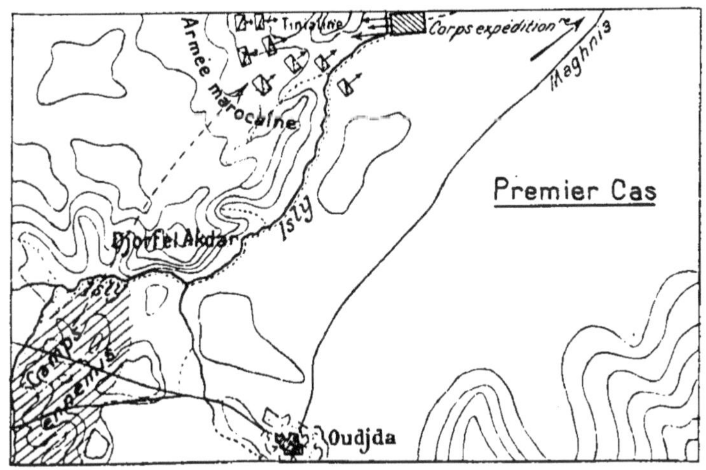

tentement qui se manifestera, comme nous le verrons plus loin, au passage de l'*Isly* où l'ennemi ne se montrera pas. Le maréchal aurait certainement été satisfait de rencontrer l'ennemi si tôt. Il aurait livré la bataille à la fraîcheur du matin et avec des troupes reposées par les quelques heures de halte. L'ayant battu, il l'aurait poursuivi rapidement en essayant d'enlever ses camps. Seulement, il était à craindre que cette dernière partie de l'opération ne réussît pas complètement, l'ennemi ayant le temps, en raison de la distance, de lever son camp et d'emporter ses tentes avant l'arrivée des Français.

2e *cas.* — L'ennemi est encore à la même place, c'est-à-dire que l'armée marocaine est restée dans ses camps, ou qu'elle se rassemble à proximité immédiate de ces derniers. Dans l'idée du maréchal, les camps viennent jusqu'au pied du *Djorf-el-Akdar.* Il n'y a donc qu'à continuer la marche d'approche jusqu'au *Djorf ;* il y a beaucoup de chances pour que la surprise réussisse et pour qu'on s'empare des camps après avoir battu l'armée ennemie. C'est donc le cas le plus favorable.

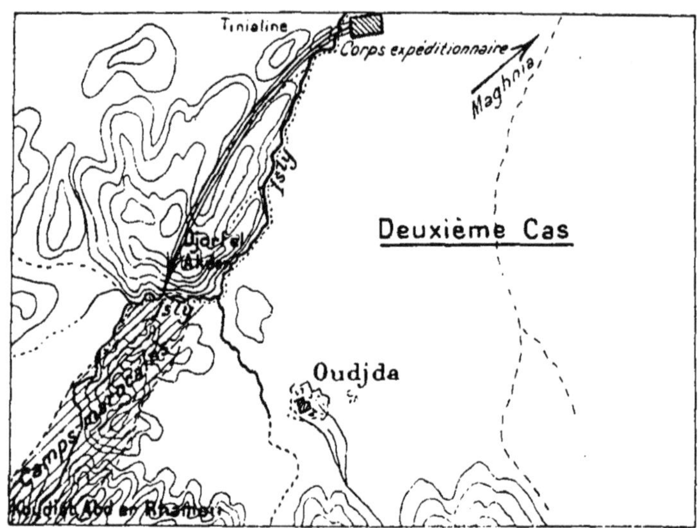

3e *cas.* — L'ennemi s'est reployé sur sa queue. C'est-à-dire qu'il a levé ses camps et qu'il les a reportés au sud-ouest, en arrière du *Koudiat-Abd-er-Rahman*. Ou bien encore, l'ennemi a renvoyé tentes et impedimenta, dans une région à l'abri d'un coup de main des Français, et il attend la bataille au *Koudiat-Abd-er-Rahman*. C'est là le cas le plus défavorable. L'armée française arrivera au *Djorf-el-Akdar*, de jour, après une marche de nuit assez pénible et avec la perspective d'avoir encore dix à douze kilomètres à parcourir pour atteindre l'ennemi. Faire cette étape en pleine chaleur, après la fatigue de la marche d'approche, ne paraît pas possible. Il faut s'arrêter et

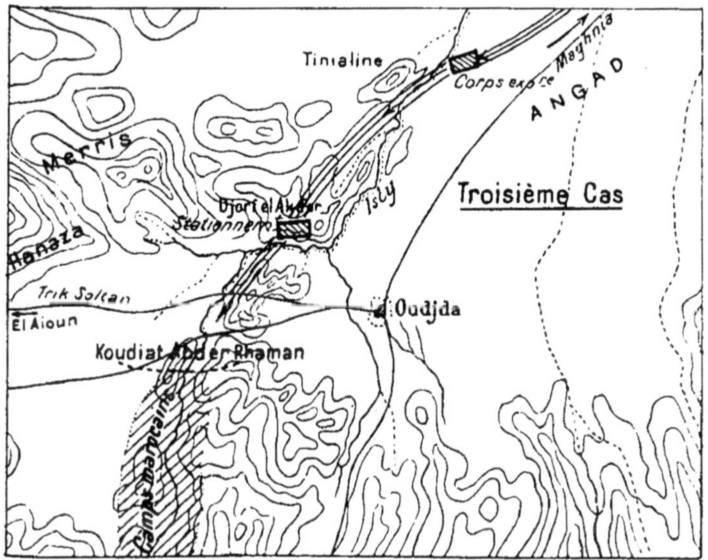

attendre, en se reposant, que la chaleur soit passée ; attendre le soir ou même le lendemain matin. Mais alors, il ne peut plus être question de surprise. L'armée ennemie a tout le temps de prendre ses dispositions, d'accepter ou de refuser le combat. Elle peut se retirer lentement vers l'intérieur en entraînant à sa suite le corps expéditionnaire et sans lui donner l'occasion d'une rencontre décisive. Le maréchal n'envisage cependant pas sérieusement une attitude de l'ennemi aussi savante ; il sait à qui il a affaire, il connaît l'esprit orgueilleux et bravache qui règne dans les camps marocains et il a la certitude que s'il réussit à arriver en vue des troupes de *Moulay-Mohamed*, l'apparition de l'armée française déchaînera les ardeurs belliqueuses de la masse qui se précipitera à l'attaque. C'est croyons-nous, cette parfaite connaissance de l'armée marocaine qui peut expliquer, chez le maréchal, cette sorte d'insouciance au sujet de l'emplacement réel des camps. Il estime qu'il suffit de marcher dans la direction générale des camps pour rencontrer l'armée ennemie. On verra bien, le jour de la bataille, où se trouvent ces camps et ce qu'il convient de faire.

Le jour de la bataille, en effet, aucun des trois cas que nous venons d'envisager ne se produira ; les camps n'étant pas exactement placés comme l'a pensé le maréchal. La situation de l'ennemi sera intermédiaire entre les 2ᵉ et 3ᵉ cas étudiés plus haut.

Le maréchal a d'ailleurs exposé nettement ses idées à ce sujet dans ses ouvrages didactiques. Il a écrit au chapitre des « Reconnaissances » (1) : « Les reconnaissances, comme toutes les opérations de guerre, même les plus minimes, doivent avoir un but utile et bien raisonné : hors cela, il faut s'en abstenir. Eh bien ! nous pensons que les reconnaissances sont très rarement utiles en Afrique. Serait-ce pour connaître la force de l'ennemi, sur tel ou tel point ? ou pour reconnaître ses positions ? Il est aisé de comprendre que cela n'est pas nécessaire. Qu'importe de savoir exactement sa force ; lorsqu'on est lancé dans l'intérieur de

(1) Weil, *Œuvres du maréchal Bugeaud.*

ce pays, on est déterminé à combattre toutes les forces qu'il peut présenter. Si l'on n'est pas assez fort pour cela, il ne faut pas se mettre en campagne. Et si on l'est assez, il n'importe pas de savoir quelle est la force de l'ennemi sur tel ou tel point. Il suffit de se garder avec intelligence dans ses campements ou en station, ou bien de marcher avec assez d'ordre et de précaution pour être toujours prêt à combattre avec tous les avantages que nous offrent nos propres moyens et les circonstances du terrain.

» Quant aux positions de l'ennemi, elles importent peu en général, parce qu'il n'a pas la solidité nécessaire pour les défendre, surtout avec de la cavalerie, quelque nombreuse qu'elle soit. »

FORMATION DE MARCHE ET DE COMBAT

Donc, le maréchal va marcher dans la direction générale de l'ennemi et il attendra les événements. Mais il va « marcher avec ordre et précaution pour être toujours prêt à combattre ».

Quelles sont les dispositions adoptées pour prendre ces précautions et assurer cet ordre?

Nous abordons ainsi l'étude de la célèbre formation de marche et de combat utilisée par le maréchal *Bugeaud* le jour de la bataille d'*Isly*.

Le 12 août arrivèrent au camp deux convois de ravitaillement venant de *Tlemcen* et de *Djemmà-Ghazaouat* et la colonne de *Sebdou*, sous les ordres du général *Bedeau*. Les deux escadrons de cavalerie appelés de *Tlemcen* étaient également arrivés. Ainsi en possession de tous ses moyens, le maréchal donne, le soir même, un ordre général constituant le corps expéditionnaire sur les bases suivantes :

Avant-garde (colonel *Cavaignac*) (trois bataillons) :

8e bataillon de chasseurs d'*Orléans;*
Un bataillon du 32e régiment d'infanterie de ligne;
Un bataillon du 41e régiment d'infanterie de ligne.

Réserve d'infanterie (deux bataillons et demi) :

Deux bataillons du 53e régiment d'infanterie de ligne;
Deux compagnies d'élite du 58e régiment d'infanterie de ligne.

1re brigade (général *Bedeau*) (six bataillons) :

Deux bataillons du 13e régiment léger;
Deux bataillons du 15e régiment léger;
Un bataillon de zouaves;
9e bataillon de chasseurs d'*Orléans*.

2e brigade (colonel *Pélissier*) (six bataillons) :

Deux bataillons du 6e régiment léger;
10e bataillon de chasseurs d'*Orléans;*
Un bataillon du 48e régiment de ligne.

Arrière-garde (colonel *Gachot*) (trois bataillons) :

Deux bataillons du 3e régiment léger;
6e bataillon de chasseurs d'*Orléans*.

Artillerie (capitaine *Bonamy*) :

Quatre pièces de campagne, douze de montagne.
La cavalerie forme une brigade sous les ordres du colonel *Tartas*, en l'absence du général *Korte*. La brigade est scindée en deux colonnes :

Colonne de droite (colonel *Tartas*) :

Six escadrons du 2e chasseurs d'Afrique (colonel *Moriss;*

Deux escadrons du 1er chasseurs d'Afrique (colonel *Gagnon*);

Deux escadrons du 2e hussards (colonel *Gagnon*).

Colonne de gauche (colonel *Yusuf*) :

Six escadrons de spahis;

Trois escadrons du 4e chasseurs.

Maghzen d'*Oran* (400 chevaux des douairs et smela). Commandant *Walsin-Esterhazy*.

L'ordre général donnait des indications détaillées, avec un croquis à l'appui, pour la formation du corps expéditionnaire en marche, au combat et au stationnement.

En marche, on formera trois colonnes principales comprenant : les colonnes latérales une des brigades d'infanterie et quatre pièces de montagne; la colonne centrale : l'avant-garde, la réserve d'infanterie, l'artillerie de campagne, deux pièces de montagne, la réserve d'artillerie, le parc de l'ambulance, les convois, le troupeau et l'arrière-garde à laquelle sont attachées deux pièces de montagne.

Les bataillons marcheront en colonne par pelotons à demi-distance avec une distance de cinquante mètres entre les bataillons.

Les deux colonnes de cavalerie marcheront entre la colonne centrale et chacune des colonnes latérales. Les escadrons seront en colonne de division à demi-distance.

Le croquis ci-contre indique la formation de marche qui occupe une largeur de terrain de 275 mètres et une profondeur de 750 mètres.

Cette formation de marche n'est pas nouvelle, nous avons vu le maréchal en employer d'analogues chaque fois qu'il opère en plaine (1). Elle offre les caractéristiques que nous avons déjà exposées plus haut : grande capacité défensive, mise à l'abri des impedimenta et de la cavalerie, réserve offensive. Mais ici les colonnes sont très rapprochées les unes des autres, et l'ensemble prend un aspect de lourdeur que n'avaient pas les formations analogues employées ultérieurement. Cela tient à ce que le maréchal veut, dans le cas particulier qui nous occupe, que le corps expéditionnaire occupe le moins de surface possible afin de mieux le dissimuler en marche et au stationnement. Cela tient également au dispositif adopté pour combattre, dispositif qui doit être pris rapidement par simple mouvement à tiroir des bataillons de la colonne de marche.

Nous verrons, en exposant les incidents de la marche d'approche quels étaient les inconvénients de la formation de marche indiquée plus haut.

Pour le combat, les bataillons de l'avant-garde et des colonnes latérales s'échelonnaient à soixante pas de la tête à la queue, de façon à former un angle aigu vers l'ennemi et des retours de flanc vers l'arrière-garde. L'artillerie des colonnes latérales reste en arrière des bataillons qu'elle suivait dans la formation de marche. L'arrière-garde s'échelonne égale-

(1) En pays accidenté, au contraire, le maréchal emploie une seule colonne qu'il constitue d'une manière variable, selon les circonstances. Par exemple, la marche de concentration de la « réserve de la division d'*Oran* », s'est effectuée d'*Oran* à *Maghnia* (7 au 13 juin 1844) dans la formation suivante :

Avant-garde : 1 compagnie d'élite (3e léger). Gros : 2 bataillons du 48e, artillerie, équipages du quartier général, section d'ambulance, bagages, 1 convoi de vivres et effets (48 voitures) à destination de *Tlemcen*; 1 parc viande; 1 bataillon 48e, 1 bataillon 3e léger. Arrière-garde : 1 compagnie d'élite (3e léger). On remarquera que les impedimenta sont également à l'abri.

ment, mais plus largement, pour fermer la gorge du système qui offre l'aspect d'un losange (voir croquis page suivante).

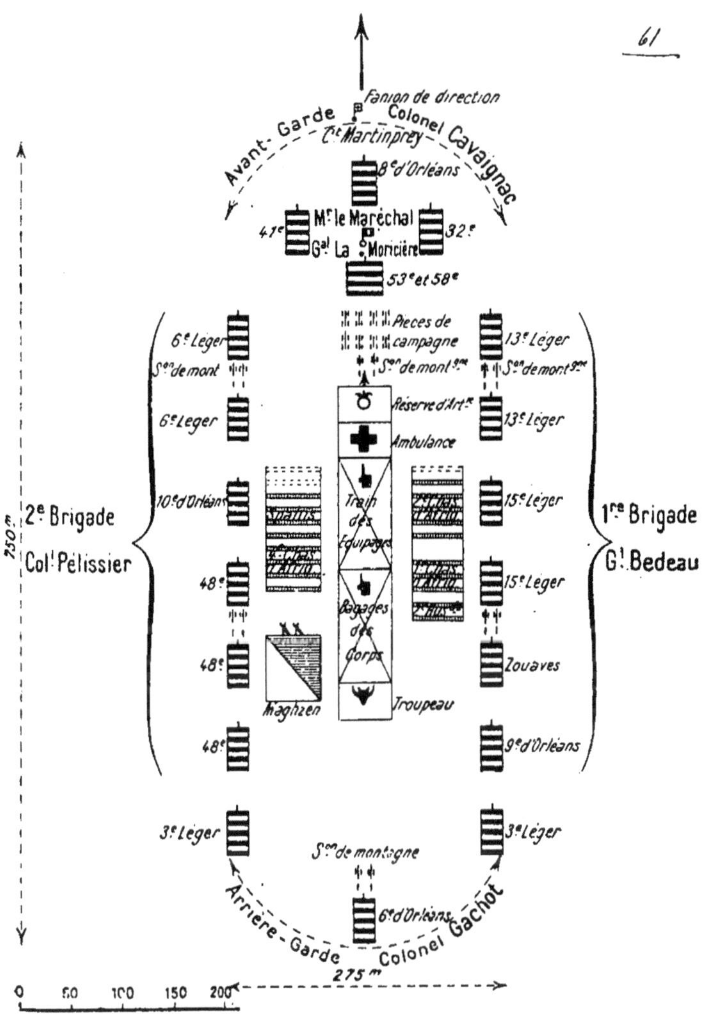

Ordre de marche du corps d'opérations de la frontière du Maroc pour les journées des 13 et 14 août 1844.

La formation au bivouac, s'il y a lieu, sera à peu de chose près celle de la marche.

Telle est la fameuse « tête de porc » ou « hure de sanglier » dans laquelle la place et le rôle de chacun sont réglés à l'avance, comme dans un ballet de l'*Opéra*.

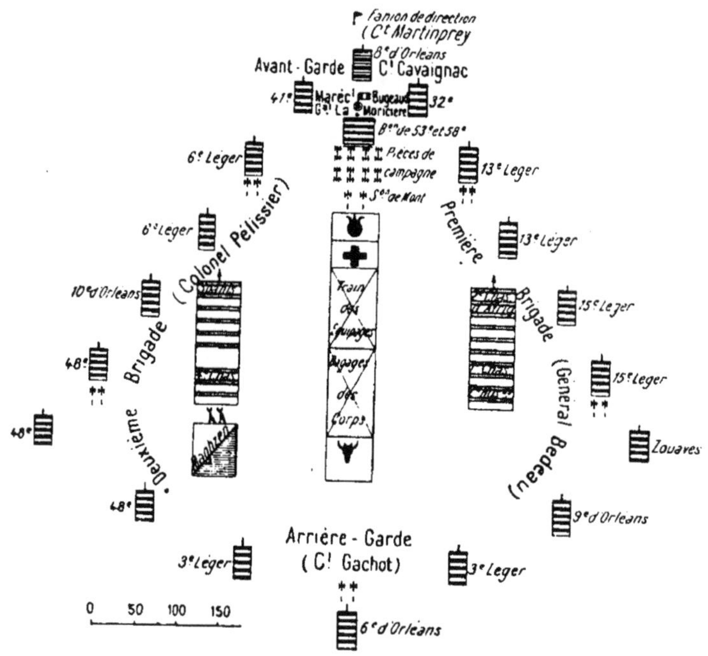

Ordre général du combat du corps d'opération.

Cet ensemble, d'une belle symétrie, nous étonne aujourd'hui, mais il répondait aux idées tactiques de l'époque, et il était bien fait pour séduire les esprits. Il faut se rappeler qu'autour de 1830 la plupart des tacticiens discutaient, comme question de base, la question des carrés. Les uns étaient partisans des grands carrés à faces continues ou carrés d'Egypte; les autres défendaient la théorie des petits carrés de bataillons se flanquant réciproquement. Ce qui dominait la question à cette époque, c'était la crainte des charges de cavalerie. Le maréchal *Bugeaud* a dit lui-même (1) : « Mettre l'infanterie à l'abri des attaques de la cavalerie, m'a toujours paru le point le plus essentiel de l'art de l'infanterie. » Or, ici, à la bataille qui va se livrer contre les Marocains, c'est précisément le problème; le maréchal va ne rencontrer qu'une armée composée de cavalerie, l'infanterie est en nombre infime et l'artillerie ne compte pas. Cette remarque est pour nous capitale, elle permet d'affirmer qu'avec une telle donnée, le problème qu'avait à résoudre le maréchal consistait à trouver une formation contre la cavalerie d'une colonne de toutes armes n'ayant que peu de cavalerie. Dans ces conditions, la solution trouvée par le maréchal est parfaite, eu égard aux procédés de manœuvre et à l'armement de l'époque.

On a quelquefois oublié à quoi répondait exactement la formation du maréchal et certains ont voulu y voir une recette infaillible pour battre les Arabes dans tous les cas. Il ne faut pas déplacer le problème et lorsque l'ennemi montre de l'infanterie en nombre assez sérieux et avec un bon armement, il faut chercher une autre solution.

Quoi qu'il en soit, la formation « en tête de porc » répondait parfaitement à la question le 12 août 1844, et le maréchal s'était complu à perfectionner son système de petits carrés échelonnés conformément à la théorie dont il s'était fait le champion. Il aimait les carrés simples « parce qu'ils font plus de feu » et il connaissait toute la valeur des échelons. N'est-ce pas

(1) Weil, *Lettre du maréchal aux rédacteurs du* Spectateur militaire.

lui qui a écrit cette vérité tactique ? « Des échelons, à droite et à gauche de l'attaque, valent infiniment mieux qu'une protection immédiate (1). »

Il avait d'ailleurs adopté cette formation en losange depuis longtemps. Dès son débarquement au camp de l'embouchure de la *Tafna*, le 6 juin 1836, nous voyons le maréchal mettre en application le système qu'il a imaginé. Nous lisons, en effet, dans la « Lettre d'un lieutenant de l'armée d'Afrique à son oncle » (2), le passage suivant :

« Aussitôt (rencontre avec la cavalerie d'*Abd el Kader* quelques jours avant la bataille de la *Sikkack*) le général prit la disposition de combat qu'il nous avait fait répéter plusieurs fois depuis le 6, jour du débarquement, jusqu'au 11, veille du départ. Cette disposition consiste en un grand losange formé d'autant de carrés qu'il y a de bataillons, les bagages et la cavalerie au centre, avec l'espace suffisant pour se mouvoir. Nous avions dix bataillons formés en trois colonnes, trois à chacune des colonnes de droite et de gauche et quatre à la colonne du centre, qui renfermait aussi les bagages, en tête desquels marchait un bataillon; les trois autres bataillons étaient en arrière pour couvrir la marche, et pour l'exécution du losange dont j'ai parlé plus haut. Au signal du combat, qui était un coup de pétard, on s'arrêtait, et les colonnes des deux ailes s'échelonnaient à cent vingt pas sur le bataillon de la tête de colonne du centre, et trois autres bataillons de la même colonne formaient la même figure en arrière. »

Dans cette même lettre, l'auteur indique très nette-

---

(1) Weil, *De l'application des manœuvres de l'infanterie au combat*.

(2) Weil, *Œuvres du maréchal Bugeaud*.

ment les avantages de la formation de combat en question :

« Par cette disposition, les bagages et la cavalerie sont parfaitement couverts partout, les bataillons sur les quatre faces se protègent mutuellement en croisant leurs feux, et les intervalles qui les séparent permettent à la cavalerie de sortir brusquement et de rentrer de même sans rien déranger à l'ordre de l'infanterie.

» Ce grand carré de carrés offre, en outre, l'avantage de se mouvoir avec ordre et légèreté, dans toutes les directions, quelle que soit la nature du terrain. Il possède toutes les conditions désirables pour combattre les Arabes. Notre cavalerie, trop inférieure en nombre pour commencer le combat, doit être conservée au sein du grand carré pour la lancer dans les instants propices, qui sont le moment où l'ennemi en déroute passe un ravin, un défilé, une rivière. C'est sur la queue des fuyards qu'il faut lancer nos cavaliers trop peu nombreux, et, dans ce cas, ils doivent charger avec la plus grande impétuosité. Le grand carré les appuie d'aussi près que possible, et ils y trouvent au besoin un refuge assuré.

» Je me persuade, mon cher oncle, que si *Napoléon*, en Egypte, eût connu cette disposition, il l'eût préférée à ses immenses carrés à face continue, qui sont si peu maniables, dans lesquels le désordre s'introduit si facilement, et qui, une fois crevés par l'ennemi, sont perdus en totalité. Ici, au contraire, les bataillons sont indépendants l'un de l'autre, leur force est en eux-mêmes, et, en l'employant à leur propre défense, ils protègent leurs voisins. »

Ces discussions tactiques sur les carrés n'ont évidemment plus aujourd'hui qu'un intérêt historique. La portée des armes modernes et les procédés de manœuvre et de combat ont fait substituer les formations minces aux formations serrées et les échelons largement articulés aux petits carrés échelonnés à soixante pas. Mais les principes fondamentaux sur lesquels repose la formation du maréchal *Bugeaud*, restent encore vrais de nos jours, dans la guerre contre les Arabes.

PRÉPARATION MORALE DU CORPS EXPÉDITIONNAIRE

Dans tout ce qui précède, nous venons de voir la préparation dans ses détails matériels de l'opération conçue par le maréchal, opération qui doit aboutir à une bataille décisive. Il est une autre préparation que le maréchal ne négligera pas : la préparation morale des troupes.

A ce point de vue, le maréchal était un véritable chef d'école, il ne négligeait aucune occasion d'attirer l'attention de tous sur la supériorité des forces morales à la guerre : « La force morale m'a toujours paru au-dessus de la force physique; on la prépare en élevant l'âme du soldat... » Il recommandait à ses officiers d'y songer dès le temps de paix. « Vous y parviendrez en ne vous bornant pas à passer des inspections, à faire faire un froid exercice, toutes choses fort utiles sans doute, mais qui ne forment pas le moral guerrier. Il faut raisonner avec vos soldats sur les guerres passées, leur citer les actions d'éclat de nos braves, exciter chez eux le désir de les imiter, et faire, en un mot, ce que votre intelligence pourra vous suggérer pour leur donner l'amour de la gloire (1). »

Depuis qu'il avait pris le commandement du corps expéditionnaire, le maréchal avait, à maintes reprises, mis en application ses théories; il avait relevé le mo-

(1) Weil, *Œuvres du maréchal Bugeaud.*

ral de ses hommes par des harangues pleines d'à-propos, et il avait fait comprendre à ses officiers ses idées sur la guerre d'Afrique. Plus particulièrement dans les derniers jours qui précédèrent la bataille d'*Isly*, il réunit plusieurs fois les officiers, sous-officiers et soldats autour de lui « pour les bien pénétrer de quelques vérités, de quelques principes, dont la démonstration et l'application étaient prochaines » (1).

« Les multitudes désordonnées, leur disait-il, ne tirent aucune puissance de leur nombre, parce que n'ayant ni organisation, ni discipline, ni tactique, elles ne peuvent avoir d'harmonie, et que sans harmonie, il n'y a pas de force d'ensemble. Tous ces individus, quoique braves et maniant bien leurs armes isolément, ne forment, quand ils sont réunis en grand nombre, qu'une détestable armée. Ils n'ont aucun moyen de diriger leurs efforts généraux vers un but commun; ils ne peuvent point échelonner leurs forces, et se ménager des réserves; ils ne peuvent se rallier et revenir au combat, car ils n'ont pas même de mots pour s'entendre et rétablir l'ordre. Ils n'ont qu'une seule action, celle de la première impulsion. Quand ils échouent, et ils doivent toujours échouer, devant votre ordre et votre fermeté, il faudrait un dieu pour les rallier et les ramener au combat. Ne les comptez donc pas; il est absolument indifférent d'en combattre 40.000 ou 10.000, pourvu que vous ne les jugiez pas par vos yeux, mais bien par votre raisonnement, qui vous fait comprendre leur faiblesse. Pénétrez au milieu de cette multitude, vous la fendrez comme un vaisseau fend les ondes; frappez et marchez sans regarder derrière vous : c'est la forêt enchantée; tout disparaîtra avec une facilité qui vous étonnera vous-mêmes. »

---

(1) Weil, *Œuvres du maréchal Bugeaud.*

Enfin, une dernière occasion s'offrit au maréchal de parachever la préparation morale de sa troupe. Le 12 au soir, les officiers de l'ancienne cavalerie de la colonne offrirent un punch de bienvenue à leurs camarades nouvellement arrivés. La réception eut lieu au bord de l'*Ouederdefou*, aux abords immédiats du camp, sur un petit plateau artistement préparé, où les illuminations étaient fournies par quelques bougies supportées par des baïonnettes fichées en terre et aussi par la flamme bleue des gamelles de punch. La fête battait son plein et tous les officiers de la colonne étaient réunis lorsque le maréchal arriva, amené par Léon *Roches* qui était allé l'inviter et le chercher dans sa tente. L'interprète de l'armée avait trouvé le commandant en chef, couché tout habillé, sur son lit de camp; le réveil avait été pénible et c'est en maugréant que le grand homme était arrivé à la réception. Mais la vue de tous ses braves officiers le rasséréna et bientôt, un quart de punch à la main, il improvisa une de ces allocutions familières, claires et précises dont il avait le secret. Il renouvela ses recommandations de se mettre en garde contre l'exagération des forces de l'ennemi. Puis, il expliqua la manœuvre qu'il comptait faire et les dispositions de combat que prendrait le corps expéditionnaire : « Je présenterai à l'ennemi ce que j'appelle ma « tête de porc », mon « losange », aux quatre côtés formés par des bataillons se soutenant mutuellement et prêts à se mettre en carré, pour résister aux charges de cavalerie. Vous, messieurs, vous marcherez à l'intérieur du losange, avec le convoi. Je soutiendrai ainsi le premier choc de l'ennemi. Puis, quand le feu de mon infanterie et de mon artillerie l'aura ébranlé, ce sera votre tour, messieurs les officiers de cavalerie, je vous lancerai sur lui. Vous serez peut-être ramenés ! Quelle est donc la cavalerie qui peut se vanter de n'avoir jamais été ramenée ? Alors, vous viendrez vous reformer derrière mes bataillons carrés. Je vous lancerai une seconde fois, et cette fois, Messieurs, vous ne reviendrez plus (1). »

« Le maréchal termina son allocution, en nous disant que si, par impossible, notre action (cavalerie) ne suffisait pas, il formerait quelques-uns de ses bataillons en colonnes d'attaque et foncerait sur l'ennemi.

» Il joignit le geste à la parole, se forma lui-même en colonne d'attaque et fonça sur le groupe qui était devant lui, bousculant le général *de Lamoricière*, ce qui nous mit tous en gaieté. Puis, le punch aidant, toute étiquette disparut dans cette masse d'officiers, heureux de se trouver ensemble et d'acclamer d'avance leurs succès futurs (1). »

« Ils se précipitèrent dans les bras les uns des autres, en jurant de faire tout pour mériter l'estime de leurs chefs et de leurs camarades; ils se promirent de se secourir mutuellement, de régiment à régiment, d'escadron à escadron, de camarade à camarade. Des larmes, provoquées par le sentiment le plus vif de la gloire et de l'honneur, ruisselaient sur leurs longues moustaches. Jamais on ne vit une scène plus dramatique et plus touchante (2). » « Ah ! s'écria le maréchal, si un seul instant j'avais pu douter de la victoire, ce qui se passe en ce moment ferait disparaître toutes mes incertitudes. Avec des hommes comme vous, on peut tout entreprendre (3). »

Le lendemain 13, jour où devait commencer le mouvement, le maréchal dicta, dans la matinée, au

(1) Général du Barail, *Mes Souvenirs*.
(2) *Revue des Deux-Mondes* (bataille d'Isly), 1er mars 1845.
(3) *Revue des Deux-Mondes* (1845).

commandant *Rivel*, un de ses officiers d'ordonnance, la fameuse lettre au ministre où il raconte par avance la bataille d'*Isly* avec une telle précision que, le soir de l'affaire, sa dépêche officielle aurait pu être formulée ainsi : « Je n'ai rien à ajouter à ma lettre d'avant-hier. Les choses se sont passées comme je vous l'indiquais (1). »

La lettre en question se terminait par cette conclusion vibrante : « Mais mon armée est pleine de confiance et d'ardeur; elle compte sur la victoire tout comme son général. Si nous l'obtenons, ce sera un nouvel exemple que le succès n'est pas toujours du côté des gros bataillons, et l'on ne sera plus autorisé à dire que la guerre n'est qu'un jeu du hasard. »

Il n'y a donc plus qu'à passer à l'exécution. Mais avant d'exposer les événements des journées des 13 et 14 et de suivre le corps expéditionnaire à travers les incidents de la marche d'approche et les péripéties de la bataille, nous croyons utile, auparavant, de présenter au lecteur les deux belligérants.

Dans le chapitre suivant, nous allons essayer de préciser la physionomie de l'armée d'Afrique en 1844, physionomie qui se dégage déjà, en partie, de tout ce qui précède.

Dans un autre chapitre, nous dépeindrons l'armée marocaine, en indiquant la façon dont elle s'était formée, en montrant sa mentalité et celle de ses chefs, en résumant ses éléments de force et de faiblesse.

---

(1) Du Barail, *Mes Souvenirs*.

CHAPITRE IV

Situation du corps expéditionnaire la veille de la bataille. Le maréchal Bugeaud. — Ses lieutenants. — Les soldats.

SITUATION DU CORPS EXPÉDITIONNAIRE DE L'OUEST

à la date du 13 août 1844.

SITUATION DU CORPS EXPÉDITIONNAIRE LE 13 AOUT

Quartier général.	Commandant en chef..........	Maréchal BUGEAUD gouverneur de l'Algérie.
	Aide de camp....	Colonel EYNARD.
	Officiers d'ordonnance.........	Colonel FOY (faisant fonction) : chef d'escadron RIVET ; Capitaines GUILLEMOT et DE GARRAUBE.
	Etat-major.......	Lieutenant-colonel DE CRÉNY (chef d'état-major) ; chefs d'escadron DE GOUYON et DE MARTIMPREY, capitaines DE GOURSON, ESPIVENT, DE CISSEY, TROCHU ; lieutenant BEAUDOIN ; interprète Léon ROCHES ; chef douar caïd MOHAMED BEN-KADDOUR.
Division d'Oran.	Commandant la division.......	Lieutenant général DE LAMORICIÈRE.
1re brigade.	Commandant la brigade.......	Général BEDEAU.
	Officier d'ordonnance.........	Commandant CAILLÉ.
	Troupes.........	13e léger (colonel Bosc), 15e léger (colonel CHADEYSSON), zouaves (commandant D'AUTEMARRE, 9e d'Orléans ( ).

1° brigade.	Commandant la brigade........	Colonel Pélissier.
	Troupes.........	6° léger (colonel Renault) ; 10° d'Orléans (commandant Boüat) ; 48° de ligne (colonel de Comps) ; chefs de bataillon (Blondeau, Chevauchamp-Latour et Fossier).
Avant-garde.	Commandant....	Colonel Cavaignac.
	Troupes........	8° d'Orléans (commandant Froment-Coste) : 41° de ligne (colonel Roguet) : 32° de ligne (colonel Cavaignac).
Arrière-garde.	Commandant....	Colonel Gachot.
	Troupes.........	6° d'Orléans (commandant de Perreuse ; 3° léger (colonel Gachot).
Artillerie.	Commandant....	Capitaine Bonamy.
	Troupes.........	1 batterie de camp. (4 pièces), 6 sections de montagne.
Cavalerie.	Commandant....	Colonel Tartas.
	Troupes.........	Spahis (colonel Yusuf, chefs d'escadrons d'Allonville, Foras et Cassaignolles) ; 2° chasseurs d'Afrique (colonel Morris) ; 1er chasseurs d'Afrique (commandant X...., capitaines Tallel et Vidallin) ; 4° chasseurs d'Afrique (commandant Chesiy) ; 2° hussards (colonel Gagnon, commandant Courby de Cognord, capitaine Gentil de Saint-Alphonse).
Ambulances.	Médecin chef.....	Philippe, chirurgien principal de la colonne. Barbet, comptable d'hôpitaux.
Services administratifs.	Sous-intendant..	Capitaine Delamoissonnière (faisant fonctions).

TABLEAU DES EFFECTIFS DU CORPS EXPÉDITIONNAIRE

à la date du 13 août 1844.

CORPS ET SERVICES.	OFFICIERS.	HOMMES.	CHEVAUX.	MULETS.	OBSERVATIONS.
Quartier général.....	20	46	75	»	
Division... .	1	»	2	»	
Avant-garde et réserve d'infanterie	73	1.972	41	68	
1re brigade..	81	1.589	29	76	
2e brigade...	76	2.481	26	63	
Artillerie....	9	310	27 selle 67 tr.	123	
Cavalerie....	93	1.821	1.967	22	
Train et services.....	»	911	378	632	
Arrière-garde	51	1.364	28	62	
TOTAL....	404	10.494	2.636 selle 67 trait	1.046	

LE MARÉCHAL BUGEAUD

M. Maurice *Wahl* a tracé le portrait suivant du maréchal *Bugeaud* : « Le nouveau gouverneur n'était pas un inconnu en Algérie; il s'y était assez tristement signalé par le traité de la *Tafna* et, depuis lors, il n'avait pas manqué une occasion de se prononcer contre l'occupation. Le rôle qu'il avait joué en gardant à *Blaye* la duchesse de *Berry*, l'épisode sanglant de la rue *Transnonain* ne lui avaient pas valu en France, plus qu'en Algérie, les sympathies de l'opinion. Ambitieux, sans grands scrupules, il passait alors pour l'homme à tout faire de la monarchie de Juillet. Plus tard, il n'y eut plus pour lui que des éloges, et la gloire du conquérant de l'Algérie couvrit tout. *Bugeaud* fut un de ces hommes qui ont conscience de leur supériorité, qui veulent avoir les moyens de la déployer et à qui rien ne coûte pour s'ouvrir la carrière. Des services de toute nature lui gagnèrent les bonnes grâces de *Louis-Philippe;* on lui donna, pour sa récompense, une haute situation; mais, quand il y fut parvenu, il s'en montra tout à fait digne. Depuis 1815, la France n'a pas eu un militaire de cette trempe. Il possédait les qualités extérieures du commandement : allure imposante, vigueur physique, santé invincible à la fatigue et à la vieillesse. Brave et réfléchi, résolu et prudent, il savait combiner et agir. Doué d'une remarquable aptitude aux choses de la guerre, plein de confiance en lui-même, il n'était pas de ceux auxquels on impose l'autorité de la routine; son bon sens, aidé de son expérience personnelle, lui paraissait supérieur à toutes les traditions. Il fit à son usage une tactique et une stratégie nouvelles, et ses leçons, qu'il appuyait d'éclatants exemples, n'ont pas encore perdu de leur actualité. Il tenait assez à ses idées pour les imposer, mais il aimait mieux les faire partager; officiers et soldats, tout le monde était instruit d'avance de ce qu'on allait faire et n'en montrait que plus d'intelligence et d'ardeur. Les troupes savaient où il les menait; sûr de lui-même, il leur communiquait son assurance. Vigilant et actif, il s'occupait des moindres détails, parce qu'il savait qu'à la guerre il n'en est point d'insignifiants. Bien qu'il fût de nature peu tendre, il veillait avec le plus grand soin au bien-être du soldat : il y voyait avec raison l'élément du succès. Malgré ses imperfections morales et une âpreté d'humeur dont ses lieutenants eurent souvent à souffrir, il se fit une réelle popularité militaire. Le « père *Bugeaud* » fut pour l'armée d'Afrique ce qu'avait été pour la grande armée le « Petit caporal. »

Guizot, dans ses Mémoires, a tracé cet autre portrait du maréchal : « Le général *Bugeaud* n'était pas un officier à qui l'on pût donner telles ou telles instructions, avec la certitude qu'il bornerait son ambition à les exécuter de son mieux et à faire son chemin dans sa carrière en contentant ses chefs. C'était un homme d'un esprit original et indépendant, d'une imagination fervente et féconde, d'une volonté ardente, qui pensait par lui-même et faisait une grande place à sa propre pensée, en servant le pouvoir de qui il tenait sa mission... Il s'était formé par ses seules observations et sa propre expérience, selon les instincts d'un bon sens hardi qui manquait quelquefois de mesure et de tact, jamais de justesse ou de puissance. Il avait sur toutes choses, en particulier sur la guerre et les affaires d'Algérie, ses idées à lui, ses plans, ses résolutions; et non seulement il les pouruivait en fait, mais il les proclamait d'avance, en toute occasion, à tout venant, dans ses conversations, dans ses correspondances avec une force de conviction et une verve de parole, qui allaient croissant à mesure qu'il rencontrait la contradiction et le doute. »

Le général *Bedeau* prononça, le 19 juin 1849, sur la tombe du maréchal, les paroles suivantes : « Le maréchal possédait, au plus haut degré, l'énergique résolution qui grandit avec le péril, la sûreté de coup d'œil, la promptitude de la décision. Animé du plus pur patriotisme, il restait calme et maître absolu de sa pensée quand la responsabilité de ses actes s'accroissait avec la gravité des événements. Il mesurait, avec un admirable sens, l'importance des difficultés. Habile appréciateur des particularités de la guerre d'Afrique, il nous avait donné, à cet égard, des principes dont l'imitation, continuée par ses lieutenants, est acceptée par tous, en Algérie, comme règle de conduite. Le maréchal avait conquis l'affection de l'armée par les témoignages constants d'une sollicitude intelligente qui comprenait merveilleusement les instincts, les sentiments et les besoins du soldat. Il savait allier, à l'énergie de la volonté qui commande, la bonté communicative du cœur qui fait aimer le commandement. »

D'*Ideville*, l'historiographe du maréchal *Bugeaud*, a dit qu'après celle de *Napoléon Ier*, la plus grande figure militaire du XIXe siècle était celle du maréchal. Il le place très au-dessus des maréchaux du premier Empire : « Les maréchaux du premier Empire, sauf de rares exceptions, n'eurent presque jamais de grandes conceptions à imaginer ni d'entreprises de longue haleine à conduire. Aussi leur gloire, il faut bien l'avouer, ne fut-elle, pour ainsi dire, qu'un rayon, un reflet de la gloire de Napoléon Ier... *Bugeaud*, au contraire, a seul imaginé ce qu'il a fait. La conquête de l'Algérie, ses campagnes, ses victoires, sont bien des œuvres personnelles, des conceptions qui lui appartiennent en propre et qui le placent incontestablement au premier rang parmi les généraux qui ont commandé des armées. »

Il est certain que l'art du maréchal *Bugeaud* se rapproche ou relève de la doctrine napoléonienne. On retrouve chez le maréchal quelque chose de la fécondité d'esprit pratique, de l'intuition géniale du maître de la guerre. Il applique, dans ses différentes campagnes, les principes supérieurs de tactique ou de conduite des troupes que *Napoléon* a créés ou mis en évidence. *Bugeaud* a d'ailleurs été élevé à la rude école des guerres du premier Empire et il a su en tirer profit, grâce à son bon sens et à son intelligence. Déjà, dans la correspondance du vélite de la garde ou du caporal d'*Austerlitz*, on trouve cet esprit d'observation et de tendance à juger par lui-même. Mais, où son sens tactique s'est complètement formé, c'est au cours des campagnes d'*Espagne* où, comme capitaine ou commandant, il eut à conduire lui-même une foule de petites opérations de guerre. Doué de cet esprit inventif, fuyant la routine ou le préconçu, *Bugeaud* était tout à fait apte à résoudre le problème de la guerre d'Afrique où les conditions étaient si différentes de celles de la guerre d'Europe. Son grand mérite fut de trouver un système nouveau, précis et raisonné, qui correspondait parfaitement aux données du problème.

Ses lieutenants.

Tel était le maréchal *Bugeaud*, le commandant en chef du corps expéditionnaire de l'Ouest. A ses côtés, au camp de *Lalla-Maghnia*, on peut dire que se trouvait l'élite de l'armée d'Afrique. Ses sous-ordres, généraux ou chefs de corps, étaient tous déjà illustres ou en passe de le devenir. *Lamoricière*, *Bedeau*, *Pélissier*, *Yusuf*, *Tartas*, *Moriss*, etc., dans la force de leur âge et de leur talent, avec des aptitudes, des caractères différents, étaient au point culminant de leur valeur, autant par l'expérience acquise au cours des rudes campagnes de 1841, 1842 et 1843, que par leur ardeur juvénile et leur désir de se distinguer.

Lamoricière a 38 ans en 1844, et il est lieutenant-général (général de division) depuis le 9 avril 1843 ! Il est en Algérie depuis les débuts de l'occupation ; il a assisté à la plupart des combats, des coups de main, des razzias. D'une bravoure légendaire depuis la prise de *Constantine*, il allie, aux qualités brillantes et solides du soldat, la science, le sens pratique de l'organisateur et de l'administrateur.

Bedeau a 40 ans ; il est réputé pour son calme, son énergie, son honnêteté, sa sagesse, son austérité de mœurs. C'est une des gloires les plus pures de l'armée d'Afrique.

Pélissier, le futur duc de *Malakoff*, est un soldat à l'écorce rude, homme de devoir, tenace et autoritaire, doué des qualités militaires les plus remarquables.

Yusuf a 36 ans, d'une taille ordinaire mais bien prise, d'une adresse remarquable et d'une bravoure à toute épreuve, il est le type du cavalier accompli. Le maréchal *Bugeaud* l'avait noté de la façon suivante : « Cavalier de guerre de premier ordre, alliant à l'audace et à l'intrépidité qui ne connaissent point d'obstacles, le sang-froid qui permet de voir clair au milieu des dangers les plus étourdissants... *Yusuf* est le *Murat* de notre époque ; celui qui saura s'en servir obtiendra des résultats extraordinaires. »

Bugeaud avait d'ailleurs l'art d'apprécier ses sous-ordres ; il le faisait souvent sous une forme originale qui frappait ses auditeurs. Le duc d'*Aumale* a rapporté, dans ses *Mémoires*, une de ces appréciations qui dépeint bien le caractère jovial du maréchal : « Le premier, disait ce dernier, en parlant de ses lieutenants, et en levant trois doigts écartés, le premier, c'est *Changargnier*, et il prenait son pouce en le secouant pendant la démonstration...; le second, qu'il représentait par son index en abaissant le pouce, c'est *Bedeau* ; celui-là est un homme de devoir et de conscience, solide et qui ne bronche pas au feu... Puis, enfin, arrive *Lamoricière*, faisait-il en touchant le médius : il est vaillant, infatigable, débrouillard sans doute, mais doctrinaire ; il discute sans cesse, ergote, hésite et n'aime pas les responsabilités; enfin, c'est mon numéro 3... Le colonel *Pélissier*, fanatique de la discipline, est un chef d'état-major incomparable, disait-il. Pour l'exécution des ordres, c'est un militaire sans pareil. Il a une énergie indomptable, un caractère de fer...

» Le colonel *Moriss*, superbe au feu, d'une bravoure sans égale, tempérament militaire par excellence...

» Quant à *Yusuf*, soldat magnifique..., ses qualités et son origine lui assignent une place à part. »

A côté de ces chefs déjà célèbres, on trouvait, au corps expéditionnaire, toute une pléiade de jeunes chefs de corps ou d'officiers ayant fait leurs preuves : le colonel *Eynard*, aide de camp du maréchal, qui avait déjà rempli ces fonctions en 1837 ; doué d'une grande facilité de travail et d'une grande élégance de plume, très jaloux de son influence sur le maréchal... ; le commandant *de Martimprey*, futur conquérant des *Beni-Snassen*, officier d'état-major modèle... ; les capitaines *de Cissey*, *Trochu*, futurs généraux de 1870... ; les colonels *Roguet*, *Chadeysson*, *Gachot*, *Bosc*, *Renault*, en Algérie depuis longtemps, rompus à la guerre d'Afrique...; *Froment-Coste*, qui, avec son adjudant-major *Dutertre* et *Courby de Cognord*, du 2e hussards, devait trouver la gloire à *Sidi-Brahim*, l'année suivante... ; le vieux colonel *Cavaignac*, du 32e, qu'il ne faut pas confondre avec son homonyme, le futur général et ministre, et qui était connu pour son calme au feu et sa persévérance... ; le commandant *Walsin-Esterhazy*, qui était de bon conseil, avait de l'expérience, plaisait aux Arabes dont il empruntait en partie le costume et pratiquait avec un grand succès cette maxime que : « Si la parole est d'argent, le silence est d'or (1) ».

(1) De Martimprey.

La liste serait longue s'il fallait citer tous les officiers qui sortaient de la moyenne par leurs talents ou leur bravoure.

Les soldats.

Quant à la troupe, aux soldats placés sous les ordres de ces chefs, on peut dire qu'ils en étaient dignes.

Entraînés, instruits par les campagnes de 1841, 42, 43, c'étaient, pour la plupart, d'anciens soldats, des hommes faits et éprouvés. Ils étaient habitués à la vie d'Algérie, à la nature du pays, au service des camps et à la façon de combattre les Arabes. Pour les corps en Algérie depuis longtemps, une sélection s'était opérée et il ne restait, dans le rang, que des hommes vigoureux, endurcis par les fatigues et les changements de température; les quelques jeunes soldats envoyés de France étaient rendus courageux et vaillants par les exemples qu'ils avaient sous les yeux.

Profitant des expériences faites depuis l'occupation, le maréchal s'était appliqué, depuis longtemps déjà, à transformer l'organisation, la tenue et l'équipement, de façon à mettre ses troupes à même de supporter mieux les fatigues et la chaleur, de se suffire à elles-mêmes pendant plusieurs semaines. Aussi le fantassin d'Afrique en 1844 ne ressemblait guère à son ancien de 1830 ou à son camarade de France. Il avait une physionomie à part. Les vêtements étaient larges, amples; le col droit avait été supprimé et remplacé par la cravate; le képi léger avait été substitué au shako « boisseau » rigide; les buffleteries étaient simplifiées, les chasseurs à pied avaient déjà le ceinturon et les cartouchières. Le sac avait été allégé, le soldat ne portait ni vêtements de rechange ni souliers. Dans le sac, les vivres et les munitions; sur le sac, la demi-couverture et la toile de tente qui avait été fabriquée, au grand scandale de l'intendance, en décousant l'ancien sac de couchage. Quatre hommes se réunissaient pour former une tente à l'aide de bâtons qui servaient de cannes pendant la marche.

L'armement comprenait le fusil à pierre et le sabre baïonnette, les chasseurs avaient, depuis peu, le fusil à percussion et le sabre yatagan. Les carabiniers avaient la grosse carabine, véritable petite artillerie.

La cavalerie également avait été modifiée, les chevaux étaient presque tous arabes; le harnachement était simplifié, et les paquetages réduits au strict indispensable.

En ce qui concerne l'alimentation des troupes, des règles s'étaient établies. Vers le milieu de l'étape, on faisait une grand'halte d'une heure, où les hommes faisaient le café. Arrivé au bivouac, on campait en carré, l'infanterie sur les quatre faces, la cavalerie et les bagages au centre. On abattait de suite la viande prélevée sur le troupeau qui suivait la colonne. Le soldat faisait cuire pour le soir la soupe et le bœuf; le matin, avant le départ, il mangeait le riz ou un peu de viande froide.

Tous ces détails de l'équipement, de l'alimentation du soldat, les soins à lui donner en marche et au bivouac, étaient l'objet de la sollicitude constante du maréchal. Il avait su inculquer le même souci à ses sous-ordres et il tenait d'ailleurs la main à ce que chacun s'occupât de sa troupe pour la conserver dans le meilleur état de santé physique et morale.

Aussi l'on peut dire que les troupes d'Afrique de cette époque étaient remarquables en tous points. En lisant dans l'histoire ses faits d'armes; en étudiant les marches et combats de l'armée d'Afrique pendant les campagnes de 1841, 42, 43, 44, on est frappé d'une profonde admiration pour le troupier qui peinait sans se plaindre et qui travaillait pour la gloire de son pays et de ses chefs.

Le capitaine adjudant-major *Dutertre*, du 8e bataillon de chasseurs, écrivait à sa sœur, le 7 juillet, c'est-à-dire quelques semaines avant la bataille d'Isly : « Il faut que les soldats français soient de fer pour résister aux fatigues, au soleil et aux privations comme ils y résistent. Je ne crois pas qu'il y ait un peuple en Europe qui tiendrait comme eux ici. »

Le général *Mellinet* donne, dans sa correspondance, des exemples de l'endurance des troupes d'Afrique. Le général *de Martimprey* cite une marche accomplie de *Tlemcen* à *Oran* en deux jours et demi (1844) et il dit : « Je cite volontiers cette preuve de vigueur de nos braves soldats d'alors, si aguerris, si exercés et si disciplinés. »

Avec de telles troupes, on pouvait tout entreprendre et tout oser; on comprend par conséquent parfaitement l'absolue confiance que le maréchal *Bugeaud* avait, le 12 août 1844, dans le corps expéditionnaire réuni, sous ses ordres, à *Lalla-Maghnia*. Il ne doutait nullement de la victoire. Cette certitude du succès était d'ailleurs complétée par la connaissance de l'adversaire qu'il allait avoir à combattre.

CHAPITRE V

L'armée de Moulay Mohamed. — Sa formation. — Son organisation. — La marche de Fez à Oudjda. — Mentalité de l'armée et des chefs.

Pour comprendre ce qu'était l'armée marocaine qui allait se mesurer avec les troupes du maréchal *Bugeaud*, il est nécessaire de revenir un peu en arrière pour indiquer dans quelles conditions cette armée s'était formée.

Un auteur musulman, *Ahmed en Nasiri es Slaoui*, fonctionnaire chérifien qui écrivit à la fin du XIXe siècle, a résumé ainsi la genèse de la campagne de 1844 (1) : « La trêve régnait entre le gouvernement chérifien et la nation française depuis le règne du grand sultan Sidi Mohammed ben Abdallah (Dieu lui fasse miséricorde !). Nous avons vu qu'à la suite des différends survenus entre les Turcs d'Alger et les Français, ceux-ci s'étaient emparés de leurs ports. Les habitants de Tlemcen s'étaient rendus auprès du sultan Moulay Abd er Rahman (D. l. f. m.!) pour lui demander d'accepter leur serment de fidélité et se ranger sous son obéissance et que celui-ci les y avait admis, après avoir réfléchi et pris l'avis des oulémas. Plus tard, l'armée du sultan ayant mis à sac Tlemcen et les habitants de la contrée s'étant rangés autour d'El hadj Abd el Kadder ben Mahi Eddin, sous la domination du sultan, celui-ci fut animé des meilleures dispositions envers ce chef qui soutint avec vigueur la résistance contre les Français. Mais les résultats de la guerre consistaient pour lui à leur tuer

(1) *Archives marocaines*, tomes 9 et 10.

des hommes et à leur prendre des richesses, tandis que pour les Français, ils consistaient à gagner toujours du terrain et à s'emparer enfin du pays : or, il y a entre ces deux manières une grande différence.

» En 1259, les Français étaient maîtres de tout le territoire du Mogrib moyen, tandis qu'Abd el Kadder allait et venait sur les confins, tantôt dans le Sahara, tantôt chez les Beni-Yznassen, tantôt à Oudjda et dans le Rif. Peut-être dans ces allées et venues y avait-il un grand nombre de sujets ou de soldats du sultan ? Les Français envahissant alors l'empire du sultan, dirigèrent plusieurs incursions contre les Beni-Yznassen et contre Oudjda et ses environs. Ils prirent Oudjda par surprise et livrèrent cette ville au pillage. Leur brigandage désolait la frontière. Le sultan leur ayant adressé des représentations sur cette violation de son territoire, ils répondirent que le fait d'avoir fourni à plusieurs reprises à Abd el Kadder des chevaux, des armes et de l'argent, la guerre qui leur avait été faite par des troupes régulières du sultan massées sur la frontière et la présence des Beni-Yznassen dans les rangs de l'armée d'Abd el Kadder constituaient une violation de la trêve, sans compter d'autres arguments qu'ils mettaient en avant. Or, à ce moment, les desseins d'Abd el Kadder à l'égard du sultan et de la guerre sainte étaient devenus coupables. D'abord la guerre sainte ne produisait aucun résultat, et puis il voulait être indépendant et il avait déjà commencé à corrompre les tribus de cette région. Le sultan savait à quoi s'en tenir sur son compte et se rit de ses malices.

» Les affaires s'aggravant, le sultan résolut de déclarer la guerre aux Français. Il invita les habitants des ports à faire bonne garde et à se préparer à toute éventualité. Il donna à son cousin, Moulay Elmamoun ben Echerif, le commandement d'un détachement de réguliers et l'envoya dans la direction d'Oudjda accompagné d'Aboulhasen Ali ben el Gennaoui, un des notables de Ribat-Elfeth. Ils eurent une première rencontre avec le poste français établi là-bas. »

Nous avons vu, au chapitre 1er, les déboires que le caïd El Gennaoui avait eus à Oudjda, en mai, avec les premiers contingents réunis dès que la « Djihad » avait été prêchée; nous avons également vu l'échec sanglant auquel la bouillante impatience de Mamoun ben Echérif avait conduit les troupes du sultan le 30 mai. Mais ces mécomptes n'avaient pas ralenti la foi des tribus toujours prêtes à combattre l'infidèle et à accourir au premier signal. L'effervescence, l'ardeur gallophobe qui s'étaient déclarées à la frontière au moment de l'occupation de Maghnia par les Français, avaient gagné les tribus de l'intérieur. Les partisans d'Abd el Kadder contribuaient encore à augmenter le trouble et la surexcitation parmi les tribus guerrières du « Bled es Siba ». Le sultan, tiraillé par son entourage, intimidé par les conseils ou avis comminatoires des consuls, ne savait quel parti prendre. Finalement, entraîné par le parti de la guerre, il s'était vu contraint à former une armée et à l'envoyer dans l'est contre le chrétien.

« Le sultan se mit ensuite aux préparatifs de l'expédition et prit toutes ses dispositions. Il réunit les réguliers, fit prendre les étendards et les drapeaux et convoqua les tribus. Voici, à ce sujet, ce qu'écrivait le vizir *Ben Driss*, pour appeler au combat les populations du Mogrib, les exciter à la guerre sainte et réveiller leurs aspirations dans ce sens :

» O Habitants de notre Mogrib ! il est juste de vous » appeler à la guerre sainte, le droit ne se trompe » pas.

» Le Polythéisme est à vos portes, du côté de l'est :
» il a déjà imposé l'injustice aux gens de notre reli-
» gion.

» Ne vous laissez pas séduire par sa douceur trom-
» peuse, qui, déjà, s'est transformée en colère contre
» l'islam, car il possède toutes sortes de stratagèmes
» qui défient toute l'intelligence des jeunes et des
» vieux.

» Les principes de la trahison commencent à ses
» bagues : la trahison et le mal abhorré sont sa règle
» de conduite.

» C'est nous qu'il vise; ne restez pas en paix; le re-
» pos devant les ennemis est une déchéance.

» Celui qui reste dans le voisinage du mal sera
» frappé par le malheur.

» Comment vivre quand on a des serpents dans son
» panier ! L'homme noble désire la gloire qui le rend
» éternel, et celui qui vit dans l'avilissement n'est
» pas heureux. »

» Cette poésie contient le vers bien connu d'Ibn El Assal.

» A l'appel du sultan 30.000 cavaliers, bien armés et bien équipés, vinrent se grouper autour de lui, tant de réguliers que des contingents des tribus; il se trouvait parmi eux peu d' « Oudéya », car ce « guich » était alors en défaveur auprès de Moulay Abd er Rahman. Le commandement de ces troupes fut confié au fils et khalifa du sultan, Sidi Mohammed ben Abd er Rahman, qui se mit en route... »

Le nom d'armée convient assez mal aux rassemblements qui s'étaient formés par ordre du sultan. C'était un mélange disparate de cavaliers et fantassins, sans discipline, sans instruction militaire, sans chefs capables. Le seul lien de cohésion de cette masse était le sentiment religieux commun qui entraînait tout le monde à la guerre sainte. C'est grâce à ce sentiment puissant, allié à la sobriété forcée des Marocains que Moulay Mohamed pourra conduire ses masses de Fez à l'Isly, à travers un pays pauvre et sans que rien soit préparé sérieusement pour les ravitaillements. Au point de vue de la composition de cette armée, il y a lieu de distinguer les troupes régulières et les auxiliaires. Les troupes régulières comprenaient le « guich » ou les « guichs », institution féodale qui constitue la partie la plus solide de l'armée chérifienne. Il est formé principalement de contingents de quatre grandes tribus militaires : les Cheraga, les Cherarda (1), les Oudaïa et les Abid-el-Bokhari. Ces tribus sont historiquement attachées à la dynastie régnante qu'elles ont contribué à établir et à affermir dans le « Bled-el-Maghzen ». Les Cheraga, originaires du Talifalet, fournissaient des cavaliers réputés pour leur endurance et leur courage; les Cherarda, habitant la province de *Merrakech* étaient connus pour leur cruauté et leur âpreté dans les razzias; les *Oudaïa*, originaires du *Sous*, avaient été amenés par *Moulay Ismaël* et vivaient en colonies militaires autour des grandes villes de l'empire; nous avons vu qu'ils étaient peu nombreux à l'armée de *Moulay Mohamed*, comme étant en défaveur auprès du sultan. Quant aux *Abid-el-Bokhari*, ils provenaient de l'ancienne troupe d'esclaves constituée par *Moulay Ismaël*, vers 1680 et qui étaient devenue célèbre sous le nom de *garde noire du sultan*. Ils formaient l'élément le plus solide et le plus nombreux des réguliers de l'armée de *Moulay Mohamed*, jouissant d'un grand

(1) Les Cherarda se sont révoltés récemment (1911) contre l'autorité du sultan, en grande partie, paraît-il parce que l'on avait méconnu les traditions militaires qui unissent la tribu à la dynastie régnante.

prestige et étant considérés comme invincibles. Le général de *Martimprey*, dans ses souvenirs, en a donné la description suivante qui peut s'appliquer, en partie, à tous les cavaliers du « guich » : « Généralement bien montés, habitués à combattre très rapprochés, ces cavaliers passaient pour extrêmement redoutables. Mobilisés, ils touchaient une solde avec les vivres et les fourrages. Revêtus d'un caractère religieux, ils étaient chargés, en temps ordinaire, de faire la collecte des impôts ordonnés par le Coran.

» Une large culotte ou zéroual, un burnous de drap bleu, un grand bonnet rouge pointu, un sabre et un long fusil armé d'une baïonnette, leur constituait une tenue et un armement à peu près uniformes. Toutefois, les fusils n'étaient pas, à cette époque, du même calibre, il s'ensuivait qu'il ne pouvait être fait de distributions de cartouches. Dans le combat, chacun muni de balles à sa convenance et d'une poire à poudre, chargeait son arme comme on le fait à la chasse; méthode délicate et lente, dans la chaleur de l'action. »

La différence qui séparait la garde noire des autres contingents du « guich », résidait principalement en ce que la première était presque toujours sur le pied de guerre, accompagnant le sultan ou ses fils dans leurs déplacements, ou lorsqu'il s'agissait de faire rentrer les impôts. Les autres contingents vivaient dans leurs foyers et n'étaient levés qu'en cas d'expédition sérieuse.

Chaque contingent du « guich » formait une « r'ha » placée sous les ordres d'un caïd et r'ha, et divisée en fractions d'une centaine de cavaliers.

Le total de cette cavalerie régulière s'élevait à 15.000 ou 20.000 hommes, dont 3.000 à 5.000 Abid-el-Bokhari.

A côté de cette cavalerie se trouvait également de l'infanterie régulière, mais en faible nombre. Un millier de pauvres hères avaient été recrutés, pour la plupart, de force, pour la circonstance et revêtus d'un semblant d'uniforme dont la pièce principale était une veste ou « kabbol » de drap rouge. Quelques-uns avaient reçu un « zéroual » bleu et un « tarbouch » rouge. Comme chaussures, les traditionnelles « sbath » ou babouches, que la plupart devaient semer en route. Les munitions étaient mises dans une poche carrée ou « chkâra » portée en sautoir, mais tous ne possédaient pas cet équipement de luxe. Comme armes, une collection de fusils antiques, mal entretenus qui, le plus souvent, rataient ou faisaient long feu.

Quelques-uns portaient le poignard courbé dans un fourreau de filali ou de cuivre.

Tel était « l'asker » commandée par un caïd et des adjoints dont l'unique action sur la troupe consistait à la réunir pour la mettre en route ou l'entraîner au combat en montrant l'exemple. Aucune manœuvre, aucun commandement régulier n'étaient connus de cette infanterie pitoyable.

Une artillerie existait également, mais guère plus brillante que l' « asker ». Une centaine de canonniers (tobdjiya) servaient onze pièces de canon de calibres différents, dix de ces pièces étaient d'origine anglaise (1), dont deux obusiers de 24, la onzième était espagnole. Les artilleurs servants étaient la plupart des renégats échappés des présidios de *Ceuta* et d'*Alhuçema*; les autres, pris dans le « guich », ne connaissaient rien au service des pièces et se contentaient

(1) Elles portaient comme devise : « Honni soit qui mal y pense. » Bugeaud.

de les atteler avec des mulets ou des chevaux pris au hasard. Cette artillerie n'en inspirait pas moins une grande confiance à l'armée et son passage provoquait l'enthousiasme des tribus.

Un détachement que l'on pourrait faire correspondre, à la rigueur, à une troupe du génie, transportait des outils, pelles et pioches, destinés au siège de *Lalla-Maghnia.*

Outre les réguliers, l'armée comprenait les contingents ou « nouaïb » des tribus qui avaient répondu à l'appel du sultan. Suivant leur richesse en hommes et argent, ces tribus avaient envoyé des groupes plus ou moins forts, composés en majorité de cavaliers et de quelques fantassins servant plutôt de valets d'armes aux cavaliers. Ces groupes hétérogènes vivaient, à l'armée, d'une façon indépendante, n'obéissant que d'une manière relative aux chefs de l'armée. Les cavaliers étaient assez bien montés et avaient de la valeur, individuellement, mais réunis en troupe, ils ne formaient qu'une horde inapte à toute manœuvre. L'effectif de ces contingents allait varier de Fez à Oudjda, par suite de l'arrivée des tribus recrutées en route, et aussi par suite des défections. La guerre sainte était bien le motif officiel qui décidait les tribus à rallier l'armée du fils du sultan, mais au fond, presque tous marchaient avec l'espoit de piller et rançonner le plus possible le pays que l'on allait traverser et, si possible, celui envahi par les chrétiens.

Naturellement, rien n'était organisé pour armer, habiller, ravitailler tous ces contingents. En principe, le sultan devait fournir la poudre et les balles, mais les distributions étaient irrégulières et difficiles faute d'arsenaux bien garnis. Les magasins à poudre étaient à Maroc et Fez et les convois étaient mal organisés pour suivre les troupes. Pour faire vivre cette multitude, le fils du sultan ne disposait que de la « mouna » : réquisition des vivres sur le pays traversé. Mais, faute de ressources suffisantes, il fallait souvent envoyer chercher ces vivres assez loin, à droite et à gauche de la route suivie. Les détachements envoyés, ou les « nouaïb », qui subvenaient eux-mêmes à leurs besoins, en profitaient pour razzier à blanc les malheureuses tribus qui se trouvaient sur leur passage. D'où, désordres, batailles et discussions à n'en plus finir. Le résultat de cette anarchie était la misère complète pour une bonne partie de l'armée, véritable bande d'affamés qui dévastait le pays sans se satisfaire.

LA MARCHE DE FEZ A OUDJDA

Ce n'était pas une tâche facile pour Moulay-Mohamed de conduire cette cohue turbulente, affamée et indisciplinée de Fez à Oudjda. Semblables aux armées des croisades, ces hordes s'écoulaient comme une masse confuse où chacun marchait à son gré ou à peu près. La plupart des contingents des tribus se déplaçaient d'une façon indépendante précédant ou suivant le gros de l'armée régulière. Quant à cette dernière, elle marchait dans un ordre relatif.

La mise en route, l'ordre de marche, la façon de former le camp, obéissaient à certaines règles en quelque sorte immuables, qui sont encore appliquées de nos jours aux « mehalla » du sultan, quand il marche avec elles. Aussi, les descriptions données des camps marocains ou des colonnes en marche sont-elles identiques à toutes les époques. En particulier, celle donnée d'une « méhalla » du sultan en 1903 par M. le docteur *Weisgerber*, peut être transposée avec quelques modifications de détail et s'appliquer à l'armée de *Moulay Mohamed*, en 1844.

La levée du camp et le départ pour l'étape se font dans le plus grand tumulte. Au réveil, l'ordre de partir est donné par des crieurs ou à son de trompe. Les tentes sont abattues et chargées, au milieu des cris et des ruades, sur des mules, des chevaux, des ânes ou des chameaux. Les tentes du fils du sultan sont chargées sur des mules choisies, qui partent rapidement en avant, afin que l' « afrag » soit remonté au nouveau campement de fin d'étape, prêt à recevoir le maître à l'arrivée. La colonne s'ébranle par petits paquets, en un désarroi ressemblant à une déroute. L'asker prend les devants à l'allure rapide du piéton marocain, mais sans aucun ordre. Puis vient un pêle-mêle inextricable de chameaux à l'allure lente et cadencée, de mules au pas vif et saccadé, de cavaliers aux longs fusils et aux burnous flottants, de serviteurs à califourchon sur des ânes, de traînards déguenillés et d'équipages pitoyables de mercantis de toutes sortes. Ensuite passent les femmes du harem montées sur des mules de prix, enveloppées de haïks de soie blanche, ne laissant voir qu'un œil ardent. Une garde d'eunuques à cheval et armés jusqu'aux dents, annoncent leur arrivée à grands cris : « Place pour les épouses de notre seigneur ! » et la foule fait un grand vide autour d'elles, s'écartant sur la route et leur tournant le dos pour ne pas souiller de ses regards les concubines du descendant du Prophète.

Enfin, voici venir *Moulay Mohamed*, précédé d'une troupe de cavaliers du « guich » et des porteurs d'étendards. Il s'avance au milieu d'un double cordon d'*Abid-el-Bokhari*, monté lui-même sur un superbe coursier caparaçonné et maintenu par des serviteurs à pied. Il marche immobile comme une idole pendant que les « rhaïta » et « derbouka » font rage. Il est à l'ombre d'un grand parasol, le « rudel », supporté par une hampe très longue surmontée d'une boule dorée. Le *moul el rudel*, porteur de ce parasol, chevauche derrière le fils du sultan pendant que les « moulia échouach » courent à ses côtés, abattant à grands coups d'écharpes blanches la poussière soulevée par les sabots de son cheval. Derrière le fils du sultan viennent les chevaux de main, puis la suite nombreuse des dignitaires attachés à l'armée. Un fort détachement de la garde noire ferme la marche, en encadrant l'artillerie. A l'arrivée au camp, les fidèles forment la haie en s'inclinant au passage du fils du sultan et en criant : « Allah ibacek f'amer sidi ! » (Dieu bénisse la vie de mon seigneur), et le prince disparaît dans son afrag.

La « mehalla » comprend trois ou quatre camps principaux. Le plus grand est celui du fils du sultan, formant un cercle de près de 4 kilomètres de tour. A son centre, généralement sur une élévation de terrain dominant le camp, se dresse la grande kouba du prince, vaste dôme blanc surmonté d'une boule dorée. Tout autour se groupent les tentes du harem, reliées entre elles par des couloirs. Le tout est entouré de l' « afrag », large enceinte carrée, de toile, haute de 2 mètres environ. Devant l' « afrag », s'étend un vaste espace libre : « le méchouar », ou prétoire, bordé des tentes des secrétaires et fonctionnaires. Le camp de l'artillerie est formé en avant et sur les faces du méchouar. Les pièces sont généralement alignées face au levant. Derrière l'afrag se trouvent les chevaux du fils du sultan et des dignitaires; un espace libre est également ménagé pour y placer les prisonniers de guerre; de grosses chaînes sont transportées à cet effet. Le bord du camp, le « rif », est occupé par les campements de la garde noire.

Les autres camps comprennent les contingents du

guich, l'asker et quelques tribus privilégiées vivant auprès des troupes régulières. En général, les tentes forment des cercles ou carrés concentriques, laissant, au centre, un vaste espace libre pour les chefs. Entre tous ces camps se trouvent les tentes des marchands qui suivent l'armée : « caouadjia », jongleurs, danseurs, charmeurs de serpents, etc.

Autour des camps du maghzen, on aperçoit les campements des « nouaïbs » établis sans ordre et suivant les convenances de chacun. Les troupeaux razziés ou provenant de la « mouna » paissent aux environs, complètant ce tableau plus pittoresque que militaire.

Vues de loin, les tentes des tribus, brunes ou foncées, se distinguent moins bien du sol que celles des réguliers et du camp du prince, qui sont blanches.

Telle était l'armée marocaine qui s'était mise en route vers l'ouest, en croisade, contre le chrétien. Mais cette marche vers *Oudjda* ne s'était pas faite sans à-coups, les ordres que recevait *Moulay Mohamed* reflétant l'indécision qui régnait à la cour de *Fez*. A la date du 15 juillet, le sultan écrivait à son fils : « Si vous êtes en marche, arrêtez-vous à *Taza* et n'allez pas plus loin, ni vous, ni aucun de ceux qui sont avec vous; quand bien même votre camp vous demanderait de marcher en avant. Envoyez l'ordre aux corps d'armée qui sont près d'*Oudjda*, arabes ou autres, de ne rien entreprendre contre l'ennemi (1). »

Le sultan écrit cette lettre sous l'influence des notes comminatoires des consuls et aussi parce que l'anarchie intérieure le paralyse : « N'ai-je pas appris,

(1) Cette lettre et les suivantes ont été trouvées dans la tente du fils du sultan, le jour de la bataille d'*Isly*, par Léon Roches qui les a reproduites dans son ouvrage : *Trente-deux ans à travers l'Islam.*

écrit-il dans la même lettre, que les *Chaouïa* ont manifesté une grande joie, lorsqu'ils ont su ce qui était arrivé à *Oudjda !* Ils se sont mis à danser le *haïdouz* et à pousser les cris de l' « oulouil ». Ce qui s'est passé à *Oudjda*, c'est la défaite de *Mamoun Echérif*, et cet insuccès donne à réfléchir sur la puissance militaire des Français. Enfin, une autre raison, d'ordre pécuniaire, invite le sultan à faire la paix et à éviter les complications : « Si l'infidèle ne nous attaquait que par terre, je ne lui aurais pas accordé la paix, car, par terre, je ne redoute pas ses efforts contre les musulmans, mais, j'ai à craindre pour les ports, qui, seuls, me donnent des revenus; et lui (Dieu le renverse !) il a rempli tout le détroit de ses navires... »

Puis, le 18 juillet, à la suite de nouvelles plus satisfaisantes, le sultan envoie l'ordre d'avancer : « Aussitôt l'arrivée de cette lettre, marchez sous la garde de Dieu vers *Taza*, unissez vos troupes à celles qui vous ont précédé; prêchez aux tribus de cette contrée la guerre sainte... »

Moulay Mohamed était revenu, de sa personne, à *Fez*. Le 20 juillet, il recevait de son père, résidant à *Merrakech*, une lettre plus pressante lui enjoignant de rejoindre son armée : « Partez au secours des musulmans (affaires du 30 juin et du 3 juillet) et s'il plaît à Dieu, que votre arrivée leur porte bonheur, sous l'invocation du Prophète, de ses compagnons et de *Sidi el Bokhari*. Nous vous envoyons cet ordre pour que vous regagniez, sans délai, l'armée des croyants; dépêchez-vous, car Dieu bénit la promptitude. Nous avons donné ordre aux *Beni Oureil*, aux *Beni-Bou-Haï*, aux *Metsala*, aux *Djessoul*, aux *Branes* et à d'autres tribus de l'ouest, Arabes ou Berbères, de marcher avec vous. »

[BN stamp]

Moulay Mohamed s'était ainsi porté sur *Taza*, où son arrivée avait poussé l'enthousiasme belliqueux des tribus à son comble; les contingents affluaient et étaient impatients de marcher vers l'infidèle. A la date du 28 juillet, le sultan donne à son fils quelques indications assez nettes sur la conduite à tenir : « Vous dites qu'il serait inconvenant de faire retourner cette armée de *Taza* sans avoir obtenu aucun avantage sur le chrétien; que votre avis est de continuer avec votre camp au moins jusqu'à *Za*. Vous avez raison, mon fils, partez donc, accompagné de la bénédiction de Dieu. Il ne voit pas de mal à ce que vous arriviez jusqu'à *Aioun-Sidi-Mellouk*, si vous le croyez convenable; car celui qui est sur les lieux est plus à même de juger sagement. Si vous marchez en avant, rassemblez les tribus telles que *Sebdou*, *Ouled-Sidi-Cheick*, le *Rif*, *Guelaja*, et autres, jusqu'à ce que vous fassiez une armée formidable par ses contingents et par ses troupes régulières. Mais n'attaquez pas le chrétien, car la guerre n'est pas encore déclarée..., le chrétien nous dit qu'il veut faire la paix et pourtant il se prépare à faire la guerre avec le plus grand empressement; mais nous aussi, nous faisons nos préparatifs avec plus d'empressement que lui... Mais, si l'ennemi commençait les hostilités, je vous ferai savoir cette nouvelle par la voie la plus prompte, et je vous permettrai d'attaquer votre ennemi. Vous lancerez alors contre lui les armées des musulmans de tous les côtés, et j'ai lieu de croire que Dieu donnera aux musulmans les chrétiens en pâture; car nous faisons la guerre pour la gloire de Dieu et ces ennemis du Très-Haut ne combattent que dans la voie du diable. Que le Seigneur vous soit en aide. Salut. »

Moulay Mohamed avait porté son armée à l'*oued Za*, à l'ouest *El-Ksab* (zaouïa *Moulay-Taïeb*), puis à

Aïoun-Sidi-Mellouk, où il l'avait arrêtée quelques jours pour rassembler les vivres qui commençaient à manquer et pour essayer de remettre de l'ordre dans ses troupes où des défections se produisaient.

Les négociations entamées entre le maréchal *Bugeaud* et le fils du sultan avaient été rompues et, d'autre part, le sultan écrivait en donnant des conseils et des renseignements sur l'ennemi : « Faites avancer vos armées victorieuses jusque vers *Oudjda*, chassez les chrétiens de notre territoire de quelque manière que ce soit. » Dans ces conditions, *Moulay Mohamed* se mit en marche sur *Oudjda;* ses échelons arrivèrent successivement sur l'*Isly*, à partir du 1er août.

A cette date, le sultan écrit une dernière lettre à son fils, où il lui annonce l'arrivée de l'escadre française devant *Tanger* et Souïra (*Mogador*); il lui donne le conseil de renforcer son armée et de se préparer à la bataille. Il n'a confiance qu'en cette armée et se lamente de son impuissance : « Encore si la guerre éclatait sur un seul point, mais le Français est plus que toutes les autres nations chrétiennes trompeur, haineux et rusé (que Dieu l'extermine!). Oh! si j'avais eu dans les musulmans la force et la puissance nécessaires pour soutenir cette guerre, je n'aurais pas fait la moindre concession à mon ennemi. Mais avec qui le combattrais-je ? Où devrais-je diriger mes efforts ? Nous n'avons d'aide à espérer qu'en Dieu... »

L'armée de *Moulay Mohamed* s'était donc installée sur l'*Isly*, dans l'espoir d'une prochaine rencontre avec les Français. Les trois camps principaux étaient établis sur les collines que traverse le « *trik soltan* », route venant d'*El-Aïoun-Sidi-Mellouk*, après avoir franchi l'*Isly* (1). Les contingents, qui arrivaient cha-

(1) Voir l'annexe.

que jour, s'étaient groupés autour des camps du maghzen, de sorte que toutes les hauteurs voisines étaient couvertes de tentes. La situation des camps ne changera pas jusqu'au jour de la bataille.

Pendant les jours de repos qui précédèrent la bataille, les approvisionnements de poudre et de balles rejoignirent l'armée. La richesse relative de la région d'*Oudjda* permit aux troupes de se refaire des fatigues des dernières marches. Un certain bien-être régna dans les camps ; la jonction avec les corps d'*Oudjda* ou l'arrivée de nouveaux contingents étaient le prétexte de nombreuses fêtes. Ce ne furent que réjouissances et fantasia, dont on entendait les pétarades jusqu'à *Lalla-Maghnia*. La plus grande confiance en l'avenir était manifestée par tous, en raison de la présence du fils du sultan qui portait avec lui la « baraka », la chance d'essence divine, devant laquelle les combinaisons et savantes manœuvres des Français seraient impuissantes. Un marabout des *Beni-Snassen*, partisan d'*Abd el Kader*, avait dit, dans une réunion des grands chefs marocains, à *El-Aïoun-Sidi-Mellouk* : « Depuis dix ans, le fils de *Mahi Eddin* (*Abd el Kadder*), sans trésor et sans armée, tient en échec la puissance des Français ! Que sera-ce aujourd'hui, qu'il aura pour allié le grand chérif, sultan de *Fez*, de *Méquinez* et de *Maroc ?* » *Abd el Kadder* était, en effet, toujours en observation aux environs d'*Oudjda*, et ses partisans nombreux comptaient que le moment était venu de se joindre à l'armée de *Moulay Mohamed*, pour faire triompher l'étendard de l'*Islam*. Mais l'émir ne partageait pas la confiance des Marocains dans la victoire, il connaissait par expérience la force militaire des troupes françaises. Il cherchait donc à prendre une attitude qui lui permît de profiter de l'échec possible de *Moulay Mohamed ;* il se tiendra, jusqu'à la bataille, sur une prudente réserve. L'auteur marocain, auquel nous avons déjà fait plusieurs emprunts, expose ainsi la situation d'*Abd el Kadder*, la veille de la bataille : « Sa situation commençait à décliner et il ne servait plus à rien dans ce pays ; au contraire, il était devenu un fléau ; son énergie n'était plus que de la faiblesse, parce que ses ambitions s'étaient perverties et qu'il cherchait à corrompre les réguliers et les sujets du sultan. Quand le khalifa *S. Mohamed* fut arrivé à l'*oued Isly*, il eut une entrevue avec lui. Entre autres choses, *Abd el Kadder* lui dit : « Vous avez été mal » inspiré d'apporter avec vous ces tapis, ces effets et » tout cet appareil que vous avez placé ici, devant le » front de cet ennemi. N'oubliez pas que vous ne » devez jamais vous trouver en face de l'ennemi sans » avoir tout chargé et plié, et sans laisser une seule ten- » te plantée sur le terrain. Sinon, dès que l'ennemi » apercevra les tentes, c'est sur elles qu'il se dirigera » et il n'hésitera pas à perdre, pour elles, tous ses sol- » dats. » Il lui expliqua aussi la façon dont il combattait les Français, et, certes, il avait raison de tenir ce langage, mais il ne produisit aucun effet, parce que les cœurs étaient déjà gâtés ! Il n'y a de force et de puissance qu'en Dieu ! On croit qu'une personne de l'entourage du khalifa blâma *El Hadj Abd el Kadder* d'avoir ainsi parlé devant lui et de lui avoir donné des conseils avant qu'il ne les lui demandât, car il s'en retourna et se tint à l'écart avec ses troupes. »

Moulay Mohamed ignorait, en effet, la façon de combattre de son adversaire. Il ne se préoccupait guère de cette question ; l'idée d'une manœuvre, d'une combinaison de forces, de mouvements de réserves, ne pouvait lui venir spontanément pas plus qu'à son entourage. Il s'en tenait à la tactique traditionnelle des armées marocaines, qui consistait, dans sa simplicité primitive, à marcher en vagues sur l'ennemi, en essayant de l'entourer et de le submerger par le nombre. Par la force des choses, l'artillerie et l'infanterie, immobilisées sur une position, constituaient un centre à gauche et à droite duquel la masse des cavaliers formait une ligne immense et dense qui, devant un ennemi groupé, était amenée d'elle-même à se rabattre par ses ailes. Formés ainsi sur plusieurs rangs de profondeur, les hommes à cheval se lançaient sur l'ennemi en gesticulant et en s'excitant par des hurlements épouvantables. Arrivés à une centaine de mètres, le premier rang déchargeait ses armes et essayait de dégager le front pour permettre aux autres de tirer et recharger les armes. Ces charges tumultueuses étaient renouvelées jusqu'à ce que l'ennemi fût détruit.

Le nombre et la bravoure des cavaliers étaient donc les principaux facteurs de la victoire et c'est ce qui donnait confiance à *Moulay Mohamed* et à son armée. La petite troupe française du maréchal *Bugeaud* ne devait-elle pas être submergée par « la marée montante de l'armée des fidèles en courroux » ? On se riait, au camp marocain, des menaces du maréchal et l'on voyait déjà les Français battus et chassés de toute l'Algérie. C'est dans cette quiétude d'esprit que *Moulay Mohamed* et son entourage attendaient la bataille, ne préparant rien et ne prévoyant pas les mesures militaires qu'il y aurait à prendre pour coordonner les efforts de la multitude des hommes en armes, le jour où l'on irait attaquer les Français à *Maghnia*. D'ailleurs, en tout ceci, on s'en remettait à Allah, qui saurait conduire les fidèles à la victoire.

En bon musulman, le général en chef faisait acte d'humilité, considérant son influence sur les destinées de son armée, comme infime et cherchant, par la prière à attirer, sur lui et ses troupes, la faveur du ciel.

CHAPITRE VI

La marche d'approche. — Préparatifs et départ. — Difficultés de la marche. — Stationnement de nuit. — Alerte. — Premier passage de l'Isly aux gués de Tinialine. — Reconnaissance de l'ennemi. — Arrivée au djorf El Akdar en vue des camps ennemis.

LA MARCHE D'APPROCHE

L'ordre d'opérations du 12 août résumait ainsi la marche d'approche : « Le corps expéditionnaire se mettra en mouvement, demain dans la soirée, de façon à s'approcher du camp marocain, le plus possible, sans se laisser voir ; à cet effet, la cavalerie simulera un grand fourrage vers *Oudjda* dans les conditions habituelles. »

PRÉPARATIFS ET DÉPART

Le 13, au matin, tout le monde se prépare donc au départ. La diane est sonnée à 3 h. 15 et à 3 h. 45 le camp est levé. Les troupes se forment, sur place, dans l'ordre de marche prescrit. Les bagages sont rassemblés et prêts à être chargés. Les malingres sont envoyés à la redoute.

L'infanterie reçoit six jours de vivres (farine, sucre, café, sel, riz); la cavalerie quatre jours. La viande sur pied est rassemblée et suivra la colonne centrale. Deux rations de viande fraîche, dont l'une à titre de gratification, sont distribuées. Cette viande devra être cuite dans la soupe qui sera mangée à 2 heures après midi. Une ration sera portée par l'homme, pour le repas de la halte de nuit et pour le lendemain matin. Tous les récipients : outres, gourdes, bidons, doivent être remplis d'eau.

Les fourrageurs partent comme d'habitude et vont battre l'estrade dans la plaine, vers *Oudjda*.

A 3 heures après midi, l'ordre de départ est donné. La lourde masse du corps expéditionnaire s'ébranle, sort du camp et s'avance dans la plaine. La direction générale est sud-ouest. Le commandant *de Martimprey* est en tête, suivi du fameux fanion de direction, portant une étoile rouge sur fond blanc et connu de l'armée d'Afrique sous le nom « d'étoile polaire ». Le commandant prend, comme point de direction, une échancrure caractéristique des montagnes de l'horizon (*Zecarra*). Cette échancrure, bien connue actuellement sous l'appellation de « V des *Zecarra* » fixe l'attention de tout voyageur qui se rend de *Maghnia* à *Oudjda*.

DIFFICULTÉS DE LA MARCHE

Les cinq colonnes parallèles du corps expéditionnaire, forment une masse compacte de 275 mètres de front et de 750 mètres de profondeur. Cet ensemble est lourd et peu maniable, le moindre obstacle du terrain produira des à-coups et des arrêts. C'est ce qui se produit à l'oued *Mehaghen* : « Près de *Bettim* la plaine est traversée par un profond ravin dont les deux berges sont à pic sauf à l'un de ses coudes, où l'on trouve de chaque côté, une bonne rampe naturelle. Nous franchîmes ce passage sur une seule colonne et fîmes halte au delà (1) . » Donc, au premier obstacle, la formation de marche est abandonnée, il faut ensuite perdre du temps pour se reformer. On peut se demander s'il n'aurait pas mieux valu articuler les colonnes

(1) Martimprey.

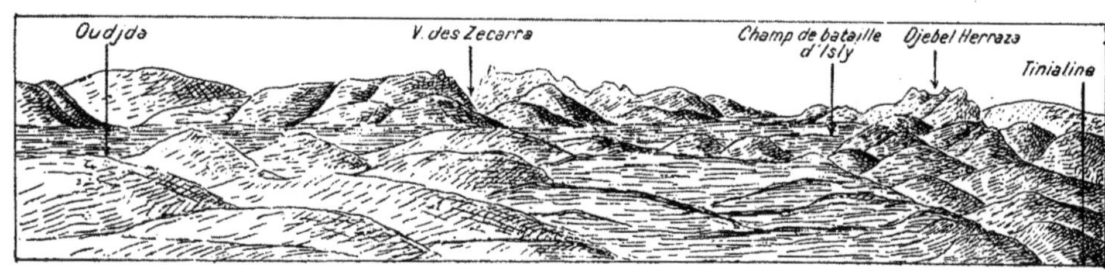
Oudjda
V. des Zecarra
Champ de bataille d'Isly
Djebel Herraza
Tinialine

plus largement pour la marche. En espaçant suffisamment les colonnes laissées au nombre de cinq, en les rendant indépendantes, sans cependant les éloigner trop, on aurait pu aborder les ravins sur cinq points différents, au lieu d'un seul. Chaque colonne, précédée d'un groupe d'éclaireurs et de sapeurs, aurait choisi son point de passage, en s'écartant soit à droite, soit à gauche de la direction de marche, quitte à reprendre ensuite cette direction. En cas de danger, d'attaque de la part des Marocains, il était facile de resserrer les distances et intervalles pour être à même de prendre la formation de combat. Dans cette plaine, une surprise n'était pas à craindre, d'abord parce que l'on voit de loin et ensuite parce que la cavalerie formait un rideau couvrant qui se serait forcément rabattu sur le corps expéditionnaire en cas d'alerte.

Quoi qu'il en soit, la marche continua sans incident, mais avec assez de lenteur jusque vers 8 heures du soir. Le maréchal arrêta la colonne près de *Mécharé-el-Turk* pour lui faire faire la halte prévue. On avait parcouru 14 à 16 kilomètres en cinq heures.

STATIONNEMENT DE NUIT

Les troupes s'arrêtent dans la formation de marche, au milieu de la plaine légèrement ondulée et parsemée de touffes de jujubiers sauvages. En avant, la plaine se continue jusqu'à *Oudjda*; à droite, à quelques kilomètres, coule l'*Isly* que l'on doit passer le lendemain, à la pointe du jour, vers les gués de *Tinialine*. Mais cette direction est imprécise et le commandant *de Martimprey* est assez inquiet à la tombée de la nuit. Il a soin de repérer, pendant qu'il fait encore jour, la direction des mamelons de *Tinialine* : « Pour la nuit, au lieu de compter absolument sur mes guides arabes,

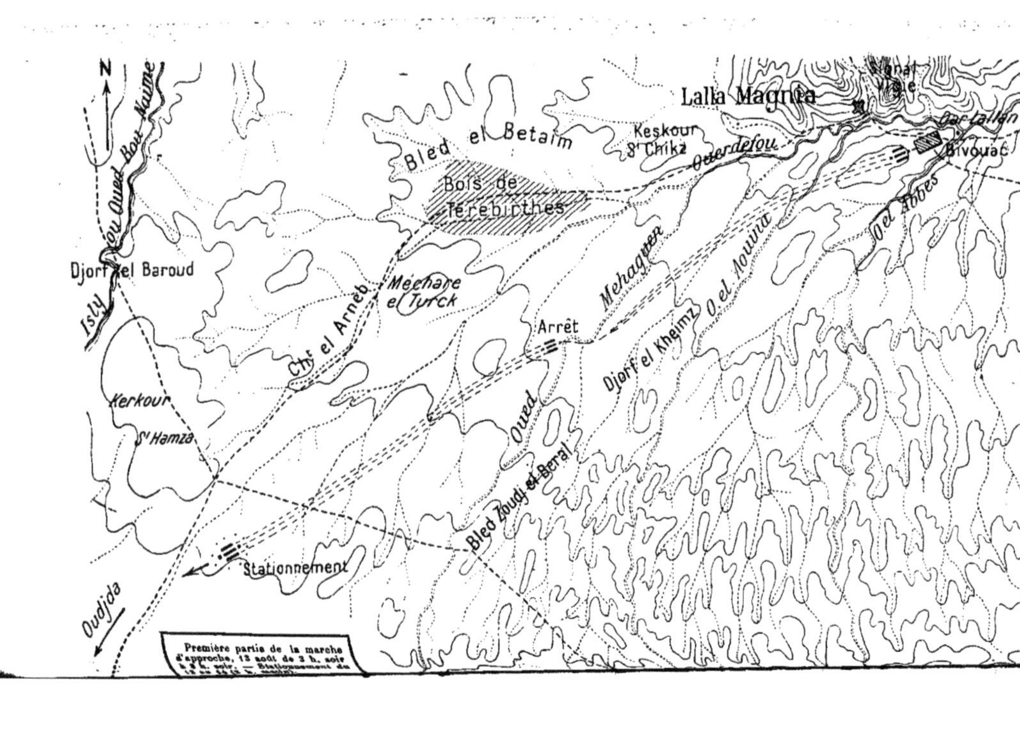

Première partie de la marche d'approche, 13 août de 3 h. soir à [illegible] h. soir. — Stationnement du [illegible]

j'avais bien remarqué le soir, au crépuscule, que l'étoile polaire était par le travers de mon épaule droite quand je faisais face aux mamelons voisins des gués où nous devions arriver le matin. »

Les fourrageurs n'avaient pas tardé à rentrer et toute l'armée prit ses dispositions pour dormir ou tout au moins se reposer quelques heures. Les fantassins forment les faisceaux, mettent sac à terre et s'étendent par terre; les cavaliers désanglent leurs chevaux et s'endorment la bride au bras; les mulets sont déchargés, mais prêts à être rechargés immédiatement. La consigne est de ne pas faire de feu et de ne faire aucun bruit. Comme sûreté, un cercle de vedettes de spahis à courte distance et des patrouilles qui poussent une pointe dans la direction de l'ennemi.

ALERTE

Toute cette masse d'hommes et de chevaux est resserrée dans un espace relativement peu étendu. Le silence profond de la nuit, les précautions prises, l'attente de l'événement grave annoncé pour le lendemain tout cela crée une atmosphère d'impressionnabilité très grande. Les soldats du maréchal étaient presque tous de vieux soldats, rompus aux émotions de la guerre d'Afrique; malgré cela, ils n'échappèrent pas aux influences de l'imagination : « Tout à coup, au sein du profond silence qui planait sur les troupes endormies, une immense clameur et les cris de « aux » armes » s'élèvent. Et voilà toute la colonne en proie à un désordre qui allait peut-être dégénérer en panique. Pour mon compte, je dormais à poings fermés et ne me réveillai qu'à cheval, sans savoir pourquoi ni comment j'y étais monté.

» Mais aussitôt, une voix de stentor domine toutes

les rumeurs. Elle est entendue de toute l'armée. C'est le maréchal lui-même qui crie : « Couchez-vous. » Il n'en fallut pas davantage pour nous rendre à tous le calme, la confiance et le repos.

» Quelle fut la cause exacte de cette alerte ? Ce fut, suivant les uns, la rentrée d'une patrouille de spahis qu'on prit pour l'avant-garde de l'armée marocaine. Ce fut, suivant les autres, le bruit causé par mon spahi qui s'enfuyait, emmenant avec lui mon cheval de bât, porteur de mes cantines dans lesquelles se trouvaient la caisse et la comptabilité du régiment (1). »

Le général *de Martimprey*, en citant le fait, écrit « nous en fûmes quittes pour une forte émotion qui, avec d'autres soldats, eût pu se résoudre en panique ».

Cet exemple vient, avec beaucoup d'autres, confirmer cette constatation que la psychologie d'une agglomération de troupes, la nuit, est très spéciale. Le moindre bruit suspect, une hallucination de sentinelle qui tire, suffisent à mettre tout le monde en alerte et dans un état de nervosité tel que des hommes, calmes et réfléchis de jour, en arrivent à perdre tout sentiment raisonnable. Il y a là pour les rassemblements de nuit ou les bivouacs de gros effectifs, de graves dangers. La guerre moderne nécessite de plus en plus des marches dérobées, des concentrations, des rassemblements de forces, la nuit; à proximité de l'ennemi. Les Japonais en ont donné de nombreux exemples dans la guerre de *Mandchourie*. On peut donc s'attendre à voir, dans une guerre future, des régiments, des brigades, venir se former, de nuit, dans

---

(1) Général DU BARAIL : *Mes Souvenirs*. Du Barail était lieutenant aux spahis d'*Oran* et faisait, à cette époque, les fonctions d'officier payeur du régiment.

leur zone d'action, en face de leur objectif et y attendre, l'arme au pied, le point du jour pour attaquer. Il y a lieu de réfléchir à l'état d'impressionnabilité d'une troupe dans cette situation. On peut limiter les dangers de la panique possible, en ne serrant pas les unités, en laissant de l'air entre les bataillons. On peut également choisir les sentinelles et patrouilleurs parmi les hommes les plus calmes, et adopter pour veiller immédiatement sur la troupe qui se repose le système du « quart » pris par les officiers et sous-officiers. Ceux-ci, se relevant toutes les heures ou toutes les deux heures, sont bien placés pour rassurer la troupe et arrêter, dès le début, une alerte inutile. Il semble enfin qu'il soit indispensable de préparer les troupes, dès le temps de paix, à vivre la nuit avec autant de calme que le jour. Dans ce but, il serait utile de multiplier les exercices et manœuvres de nuit, non seulement pour les petites unités, mais encore pour des troupes d'effectif important en profitant des manœuvres de garnison ou des manœuvres d'automne.

Le corps expéditionnaire, après l'incident relaté plus haut, avait fini par s'assoupir et par se reposer en prévision des fatigues du lendemain. Mais, dès 1 h. 30 du matin, le maréchal donnait le signal du départ, et à 2 heures le corps expéditionnaire se mettait en route dans la formation connue, les bataillons en colonne par pelotons à demi-distance. Après quatre heures de marche dans la plaine, en obliquant vers l'ouest, on atteignit l'oued *Isly* qui porte, en cet endroit, le nom d'*oued Bou-Naime*.

PREMIER PASSAGE DE L'ISLY AUX GUÉS DE TINIALINE

On était arrivé aux gués de *Tinialine*, reconnus par le commandant *de Martimprey*. Mais les rampes d'accès aux gués sont trop peu larges pour que le corps expéditionnaire puisse passer de front. On va rencontrer les mêmes difficultés qu'au passage de l'*oued Méhaghen*. Il faudra s'arrêter, passer en une ou deux colonnes et se reformer de l'autre côté de l'oued. Le passage s'effectue, en effet, sur une colonne et dure assez longtemps. Le maréchal, comme il l'avait annoncé, donne ses ordres pour qu'une halte d'une heure soit faite pour donner à boire et à manger à tout le monde. La halte se fait au pied du mamelon « *Tinialine Srira* » dans la petite cuvette qui marque l'entrée de la deuxième partie de l'itinéraire de la marche d'approche, sur la rive gauche de l'*Isly*.

Il était 6 heures passées, on était en plein jour et aucun ennemi n'apparaissait à l'horizon. Nous avons vu que la plupart des officiers de la colonne croyaient que l'armée marocaine viendrait au-devant du corps expéditionnaire et ne l'attendrait pas dans ses camps; aussi, il y eut une sorte de déception lorsqu'on n'aperçut aucune troupe ennemie au passage de l'*Isly* : « Le soleil était déjà haut sur l'horizon et nous n'avions pas aperçu encore un Marocain. Nous croyions que le passage nous serait disputé; car, encaissée entre des berges élevées, la rivière se prêtait admirablement à une défense énergique (1). On n'aperçoit pas encore les Marocains et nous n'étions pas contents, car nous aurions marché pour le roi de Prusse et ce n'était pas notre compte (2). »

Donc, le premier cas prévu par le maréchal *Bugeaud*, lorsqu'il faisait son plan d'opérations, se trouve écarté; l'ennemi n'est pas venu lui disputer le premier passage de l'*Isly*. Il reste à envisager les deux

---

(1) Du Barail.
(2) Dutertre : lettre au colonel *Uhrich*, 11 septembre 1844.

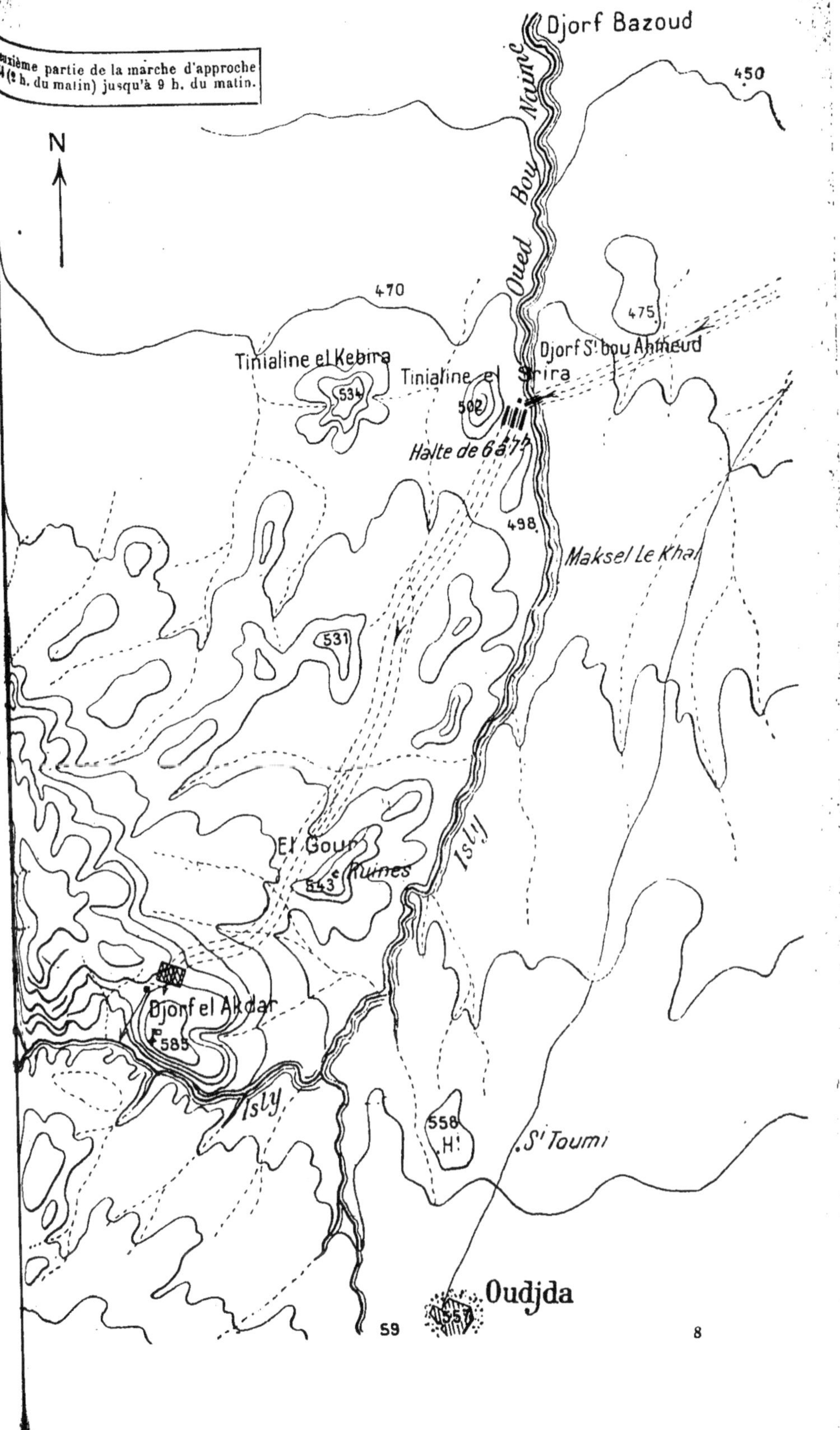
xième partie de la marche d'approche
(2 h. du matin) jusqu'à 9 h. du matin.
N
Djorf Bazoud
450
Oued Bou Naïmc
470
475
Djorf S^t bou Ahmeud
Tinialine el Kebira
Tinialine el Srira
534
502
Halte de 6 à 7^h
498
Maksel Le Khal
531
El Gour
Ruines
543
Isly
Djorf el Akdar
585
Isly
558
H^t
St Toumi
Oudjda
557
59
8

autres cas étudiés, mais, d'ores et déjà, on peut constater que la marche d'approche a été plus longue que ne l'avait espéré le maréchal. Il est près de 7 heures, au moment où la colonne va se remettre en route, ayant encore près de 8 kilomètres à faire pour arriver au *djorf El-Akdar;* donc ce n'est plus une marche d'approche de nuit pour arriver à surprendre les camps au lever du jour. Heureusement, l'ennemi ne saura pas profiter de ce répit. Ou bien il sera mal renseigné, ou bien il négligera les avertissements; en tout cas, il ne fera rien pour échapper à l'attaque et mettre ses camps à l'abri.

Un peu avant 7 heures, le corps expéditionnaire se reforme en ordre de marche et s'engage dans un couloir légèrement ondulé, fond d'une large vallée tributaire de l'*Isly* et qui conduit au *djorf El-Akdar*.

RECONNAISSANCES DE L'ENNEMI

Cette partie de l'itinéraire est remarquablement choisie. Le terrain se prête parfaitement à la marche du corps expéditionnaire, il s'élève en pente très douce, sans aucun obstacle. Les bords, relevés à droite et surtout à gauche, de ce couloir naturel, masquent la marche aux vues du côté d'*Oudjda* ou du côté du nord. Il est probabe que la colonne serait arrivée au *djorf El-Akdar* sans être éventée, si quelques cavaliers marocains ne s'étaient pas rencontrés avec elle par hasard. Ces derniers, surpris, échangèrent quelques coups de fusil avec les guides et s'enfuirent. Un peu avant 8 heures, un fort détachement de cavaliers ennemis vint reconnaître la colonne française. Après avoir tiraillé avec les chasseurs à pied de l'avant-garde, il se replia, en continuant à observer.

Le commandant *de Martimprey* dit que le corps expéditionnaire s'avançait dans un ordre parfait. Les hommes, réconfortés par le petit déjeûner sur l'*Isly*, par la fraîcheur du matin, enchantés d'avoir vu déjà l'ennemi, marchaient allégrement et de joyeuse humeur.

« Le maréchal, avec son état-major, se maintenait à gauche et à hauteur de la tête de colonne : « *Martimprey*, cria-t-il, êtes-vous sûr de la direction ? — Oui, Monsieur le Maréchal, m'empressai-je de lui répondre. — Bonô ! ! reprit-il d'une voix de stentor qui, entendue de toute l'armée, souleva dans les rangs une rumeur bruyante d'hilarité pleine de confiance (1). »

ARRIVÉE AU DJORF EL-AKDAR

C'est dans cet excellent état moral que le corps expéditionnaire atteignit, vers 8 h. 30, le petit col qui se trouve à une centaine de mètres au nord-ouest du point le plus élevé du *djorf El-Akdar*. C'est à ce moment que les premiers arrivés découvrirent devant eux, sur les collines de la rive droite de l'*Isly*, l'immense panorama des camps marocains formant trois taches blanches principales qui brillaient au soleil. Autour de ces camps un grand nombre d'autres tentes de toutes formes et de toutes dimensions étaient dressées, de sorte que toutes les collines en paraissaient couvertes. Le camp principal le plus étendu était celui de droite, le plus près de l'oued *Isly*: il était dominé par une vaste tente, en dôme, surmontée d'une boule dorée. C'était sans nul doute le camp du fils du sultan, du « *Petit Muley* » comme l'appelaient familièrement les hommes. Mais tous ces camps n'étaient pas tout

(1) Martimprey.

près, ils étaient de l'autre côté de l'*Isly*, qui fait un coude au pied du *djorf El-Akdar*, et la distance qui les séparait de l'armée française était d'environ 2 lieues.

La vue des camps provoqua l'enthousiasme de tous, officiers et soldats. « Il y a eu dans nos troupes un mouvement de satisfaction bien marqué en voyant que, pour cette fois, l'ennemi était bien décidé à tenir et qu'il y aurait une affaire sérieuse (1). »

« A cette vue, tous les soldats poussèrent un hurrah formidable et jetèrent en l'air la canne qui sert à soutenir leur tente-abri pendant la nuit et leur sac pendant les haltes de jour. Ce lieu a été nommé le « Champ des cannes (2) ».

Le maréchal avait donné l'ordre d'arrêter le corps expéditionnaire pendant dix minutes, pour faire serrer les distances et prendre les dispositions préparatoires de combat. Lui-même se porte alors de sa personne au sommet du *djorf El-Akdar*, d'où l'on domine tout le terrain de la rive droite de l'*Isly*, futur champ de bataille. Il a convoqué auprès de lui les commandants des éléments principaux de la colonne et les chefs de corps pour leur donner ses instructions.

La marche d'approche est terminée; elle a parfaitement réussi, puisque l'armée marocaine est surprise dans ses camps, mais elle a été plus longue que l'on ne croyait et elle amène le corps expéditionnaire devant son objectif, dans des conditions que le maréchal aurait voulu éviter. Il va falloir livrer combat en pleine chaleur du jour et avancer encore de 2 lieues pour atteindre les camps ennemis.

Il est évident que la marche d'approche aurait pu être plus rapide. On aurait pu éviter les arrêts et les

(1) Commandant Gouyon (état-major du maréchal). Lettre au général *de Castellane* (20 août 1844).
(2) Léon Roches : *Trente-deux ans à travers l'Islam.*

à-coups en articulant plus largement les colonnes. On aurait pu peut-être aussi marcher plus longtemps, le 13 au soir, de façon à venir faire la halte de nuit à proximité immédiate de l'*Isly*. On aurait alors franchi l'oued au petit point du jour, comme il en avait été question tout d'abord, c'est-à-dire vers 2 ou 3 heures du matin. Dans ces conditions, le corps expéditionnaire fût arrivé au *djorf* à 4 ou 5 heures au lieu de 9. Mais ce retard allait être largement compensé par la décision rapide du maréchal et par l'ardeur de ses troupes au combat.

CHAPITRE VII.

Plan de combat. — Passage de l'Isly. — Formation de combat. — Première phase de la bataille. — Engagement de la cavalerie. — Prise des camps. — La poursuite. — Retour du corps expéditionnaire à Maghnia et Djemma-Ghazaouat.

PLAN DE COMBAT

Le maréchal *Bugeaud*, du haut du *djorf El Akdar*, embrassait des yeux tout le terrain qui s'étendait entre lui et les camps ennemis; d'autre part, il voyait nettement les dispositions que l'armée marocaine commençait à prendre à mesure que les contingents se rassemblaient. Il avait donc tous les éléments pour prendre sa décision et faire son plan de combat.

A ses pieds, l'oued *Isly* serpentait entre des berges à pic, formant un coude brusque à sa droite. La vallée remontait à travers la plaine pour aller contourner, dans le lointain, le pied des collines sur lesquelles se trouvaient les camps ennemis. Sur la rive droite de l'oued, en allant vers les camps, le terrain offrait à l'œil l'aspect d'une plaine légèrement ondulée ou mieux d'un petit plateau s'élevant en pente douce jusqu'aux collines du fond. Le terrain était découvert, sans obstacles, parsemé seulement de touffes d'asphodèles et de jujubiers sauvages. En avant et à l'est des camps, formant une avancée des collines, un mamelon arrondi dominait la plaine. Ce mamelon était à une distance de 3 km. 500 du *djorf El Akdar*. Les camps, plus en arrière, étaient à 6 ou 8 kilomètres, couvrant une surface considérable.

La plus grande agitation se manifestait dans les

camps. De tous les points sortaient des masses de cavaliers qui venaient se former, en avant des camps, sur une immense ligne qui affectait la forme d'un arc de cercle dont la concavité était tournée vers le *djorf El Akdar*. En arrière du centre, sur le mamelon que nous avons signalé un peu plus haut, on apercevait une masse de troupes portant des drapeaux et des étendards; au milieu se tenait *Moulay Mohamed*, le fils du sultan, reconnaissable au parasol qui l'abritait des ardeurs du soleil.

Le maréchal se trouvait en présence d'une situation qui ne correspondait pas exactement à celle qu'il avait envisagée. Nous avons vu qu'il avait prévu deux cas : premièrement, si l'on arrivait assez tôt et si les camps ennemis n'étaient pas trop loin : attaque immédiate; deuxièmement, si l'on arrivait assez tard ou si les camps étaient trop éloignés du *djorf El Akdar :* arrêt au *djorf* pour y attendre que la grosse chaleur soit passée, attaque en conséquence retardée jusqu'à l'après-midi, voire même jusqu'au lendemain matin. Or, il se trouve que la situation réelle qui se présente est entre les deux cas envisagés : 1° il est près de 9 heures du matin et, s'il ne fait pas encore très chaud, il n'en est pas moins évident qu'il faudra se battre au moment de la plus forte chaleur du jour; 2° les camps ne sont ni au *djorf El Akdar*, ni au *Koudiat Abd-er-Rahman*, mais entre les deux, plus près de *Koudiat* que du *djorf*, et à 6 à 8 kilomètres de ce dernier point.

Dans ces conditions, le maréchal opte pour l'attaque immédiate. La solution qui consisterait à attendre en arrière du *djorf El Akdar* la fin de la grosse chaleur paraît inapplicable. Cette immobilité aurait pour unique résultat de déplacer le lieu du combat et de renverser les rôles. Ce serait l'armée marocaine qui se porterait à l'attaque du corps expéditionnaire. L'issue de la lutte n'était pas douteuse, mais cette lutte se fût livrée loin des camps, et rien n'empêchait une fraction de venir, assez tôt, abattre les tentes et de se replier en bon ordre, sous la protection des combattants. La victoire risquait de n'être pas décisive.

Le maréchal ne dut, d'ailleurs, pas s'arrêter longtemps à cette solution, sa décision d'attaquer fut immédiate.

PASSAGE DE L'ISLY

Une première difficulté se présentait dès le début du mouvement en avant : le passage de l'*oued Isly*, en face de l'armée marocaine.

Dans cette partie de son cours, l'oued est encaissé entre des berges à pic de 2 à 5 mètres de hauteur; on ne peut le traverser à cheval et même à pied qu'à certains endroits où des éboulements ou des érosions ont formé des rampes naturelles. Le lit de l'oued est caillouteux et solide, et la quantité d'eau qui y coule n'est pas suffisante pour constituer un obstacle. L'oued est généralement à sec en été, cependant, il y avait de l'eau le 14 août (1).

C'était donc un obstacle important et son franchissement par le corps expéditionnaire devenait une opération délicate. Ici se fait parfaitement sentir le besoin d'une avant-garde, d'une fraction qui dégage le terrain de la rive droite et forme « tête de pont » pour couvrir le passage de l'oued, par la masse vulnérable et peu manœuvrière du corps expéditionnaire. Devant

---

(1) Témoignage de *Martimprey*. Le haut *Isly* devait également avoir de l'eau, sans cela comment expliquer que les 30.000 cavaliers marocains aient pu camper sur l'*oued* pendant dix jours.

une autre armée que celle du fils du sultan, il est certain que le passage de l'*Isly* eût demandé de grandes précautions. Mais ici, le maréchal sait qu'il n'a affaire qu'à de la cavalerie, on ne voit point d'infanterie et l'artillerie n'est guère redoutable. Il estime qu'une petite fraction envoyée sur la rive droite et déployant des tirailleurs suffira à couvrir le passage. Le bataillon d'avant-garde sera chargé de cette mission. Le corps expéditionnaire passera l'oued en formation de marche et prendra la formation de combat dès qu'il aura gagné suffisamment de terrain sur la rive droite.

Une autre question se pose au maréchal. L'ensemble des camps constitue l'objectif à atteindre et plus particulièrement le camps du fils du sultan, qui apparaît comme le plus important. L'armée marocaine, formée en ligne, ayant son centre vers le mamelon où se tient le fils du sultan et sa suite, se trouve en avant et un peu à l'est des camps. Faut-il marcher directement sur les camps, c'est-à-dire obliquer à droite dès le passage de l'Isly ou faut-il marcher droit devant soi, sur l'armée marocaine, en prenant comme direction le mamelon où se trouve le fils du sultan ?

La première solution conduit plus vite vers les camps; elle aura, si on l'adopte, pour résultat de déplacer la bataille vers l'ouest, car les Marocains viendront certainement s'interposer entre l'armée française et leurs camps. Mais elle a l'inconvénient d'obliger la colonne de gauche du corps expéditionnaire à longer, dans la marche en avant, le pied des collines dont le mamelon du fils du sultan fait partie. L'ennemi aura l'avantage du terrain, pouvant profiter des replis pour approcher à l'abri et pouvant lancer ses charges sur les pentes descendantes. Le maréchal a très nettement la sensation que pour se débarrasser au plus vite de l'armée ennemie, il faut lui enlever le mamelon et la ligne des hauteurs à l'est des camps. D'ailleurs, ce mamelon est un premier point de direction commode pour la masse du corps expéditionnaire qui, de la rive droite de l'*Isly* n'apercevra plus les camps. C'est donc sur ce point que l'on marchera tout d'abord; ensuite, par un changement de direction à droite, l'armée se rabattra sur les camps.

Il y aurait encore une autre solution, c'est celle qui consisterait à ne pas passer l'*Isly* et à remonter l'oued par sa rive gauche, dans la plaine de *Si-Soltan*, pour venir prendre les camps et l'armée ennemis à revers, en les coupant de la direction d'*El-Aïoun-Sidi-Mellouk*. Le mouvement se ferait entièrement en plaine. C'est probablement à cette solution que pensait le colonel dont parle le général *de Martimprey* dans ses souvenirs. Ce colonel assistait au rassemblement des commandants de fractions et des chefs de corps au sommet du *djorf El Akdar*. « Dans ce moment, un colonel fit au maréchal l'objection que le terrain accidenté de la rive droite ne permettait pas d'y employer la cavalerie et d'y conduire du canon; le maréchal m'interpella, je lui garantis sur ma tête de le bien conduire par la rive droite. » On comprend peu l'objection en question; du sommet du *djorf*, le terrain de la rive droite de l'oued donne l'impression d'une plaine et les collines du fond du tableau s'élèvent en un paysage doucement ondulé, qui ne fait pas penser à un terrain tourmenté. Il est probable que le colonel en question avait gardé le souvenir de précédentes reconnaissances dans cette région et qu'il se rappelait les collines, assez abruptes, qui s'étendent entre l'*Isly* et *Oudjda;* mais ces collines étaient plus loin encore que celles sur lesquelles étaient les camps ennemis. Le maréchal *Bugeaud* ne s'attarda d'ailleurs pas à cette objection; sa décision était prise et son plan de combat terminé. Il donna à ses sous-ordres ses dernières instructions, qui peuvent se résumer ainsi :

« Le corps expéditionnaire va passer l'oued *Isly* au pied même du *djorf El Akdar*, il prendra la formation de combat sur la rive droite quand l'ordre en sera donné. L'avant-garde marchera sur le mamelon du fils du sultan. Aussitôt que ce mamelon sera enlevé, on fera une conversion à droite; la face de gauche de la formation de combat suivant la ligne de crêtes et l'ensemble du corps expéditionnaire marchant sur les camps.

» Les bataillons, aussitôt après le passage de l'oued, détacheront leurs tirailleurs. Ceux-ci devront se coucher si leur feu ne peut arrêter la cavalerie marocaine, de façon à ne pas masquer les feux des carrés. L'artillerie mettra en batterie dans les intervalles des bataillons et tirera dès que la formation de combat sera prise. »

Tout le monde rejoint alors sa place et quelques minutes après le maréchal donne l'ordre de commencer le mouvement.

Dans l'étude des événements qui vont suivre et qui constituent la bataille proprement dite, nous distinguerons plusieurs phases :

1° Passage de l'*Isly* et prise de la formation de combat;

2° Marche et combat du « losange » au milieu de l'armée marocaine. Arrivée au pied du mamelon, où se trouvait le fils du sultan, au début de la bataille;

3° Engagement de la cavalerie et prise des camps;

4° Poursuite de l'ennemi au delà de l'*Isly*.

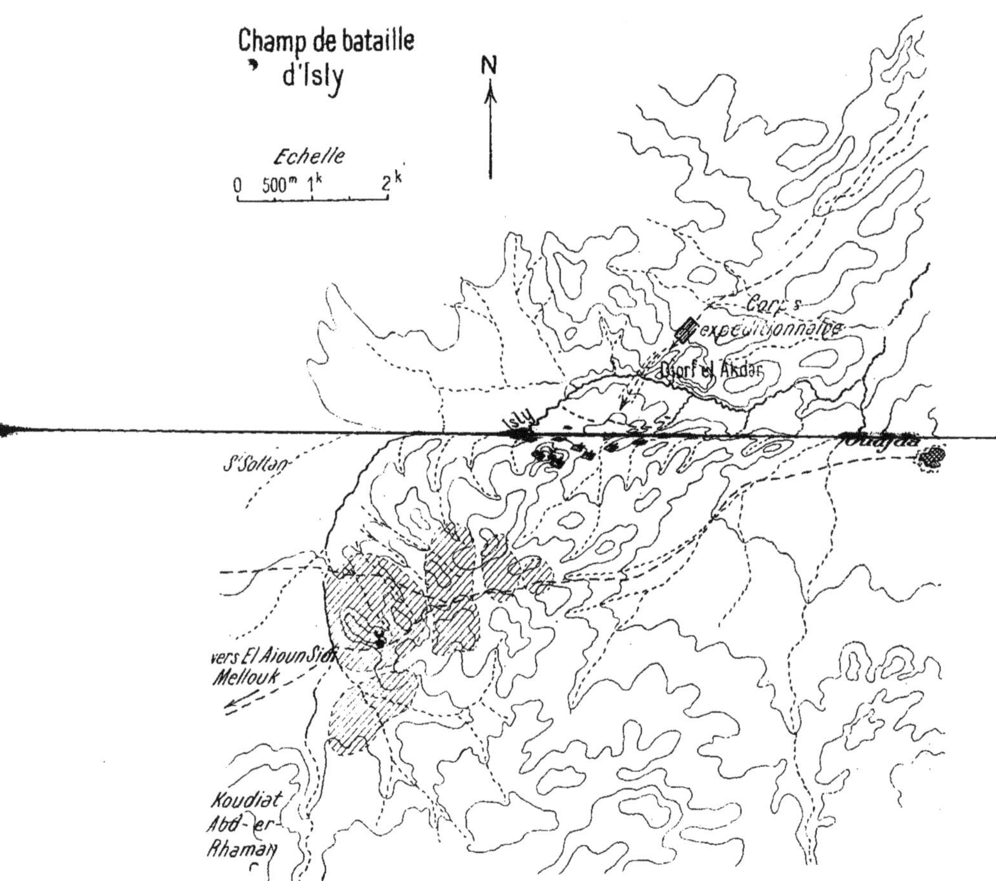

Champ de bataille
d'Isly
N
Echelle
0 500m 1k 2k
Djorf el Akdar
Isly
St Soltan
vers El Aioun Sidi
Mellouk
Koudiat
Abd-er-
Rhaman

1° Passage de l'Isly. — Formation de combat.

Les Marocains n'avaient pas compris le parti qu'ils pouvaient tirer de l'obstacle créé par l'oued *Isly* à la marche de l'armée française. Ils ne firent pour ainsi dire rien pour disputer le passage. Il n'y eut que quelques fractions, des isolés pour la plupart, qui vinrent border l'oued et tirailler avec les chasseurs à pied du 8e bataillon. Ce bataillon, dès l'arrivée du corps expéditionnaire au *djorf* et pendant la halte, s'était porté en avant sur les pentes qui descendent à l'*Isly*; une partie de la 3e compagnie avait franchi la rivière et, déployée en tirailleurs, fusillait les cavaliers ennemis qui s'approchaient trop près. Dès que le maréchal eut donné l'ordre de partir, cette compagnie de chasseurs et ensuite tout le 8e bataillon déblayèrent le terrain en avant du corps expéditionnaire. Celui-ci s'était mis en route, dans la formation de marche que nous connaissons, au pas cadencé et au son des musiques. Les troupes descendent allégrement vers l'*Isly*.

Dès la fin des instructions données par le maréchal, le commandant de *Martimprey*, qui avait toujours la lourde responsabilité de la direction, s'était précipité vers l'oued pour y chercher des points de passage : « Je courus à la rivière, dont les balles ridaient l'eau. Une rampe excellente, la seule peut-être, à une lieue au-dessus et au-dessous qui fût large et praticable sans travail, s'offrait devant moi. La colonne du centre que suivait l'artillerie de campagne, s'y engagea, la franchit sans encombre et remonta avec la même facilité sur l'autre rive, après avoir traversé un gué solide et sans profondeur. »

La photographie, ci-contre, représente l'oued *Isly*,

au point où le corps expéditionnaire l'a franchi. On aperçoit dans le coin droit de cette photographie la rampe naturelle dont parle le commandant *de Martimprey*.

FORMATION DE COMBAT

Le corps expéditionnaire franchit donc l'obstacle sans incident et commence à se reformer, sur la rive droite, sur le plateau ondulé qui s'étend jusqu'aux collines, sur une étendue d'environ quatre kilomètres. Une fois qu'il a gagné les 800 ou 1.000 mètres qui lui sont nécessaires, les dispositions prévues pour le combat sont prises. Le maréchal, en personne, fait les commandements; de sa voie puissante, il crie : « Formez les échelons. » Son calme, remarquable en ce moment critique, se communique aux troupes qui exécutent le mouvement comme sur un terrain de manœuvre. Bientôt, le losange, le carré de carrés, est formé, sans que les Marocains aient songé à profiter de l'occasion qui s'offrait à eux, d'attaquer l'armée pendant ses mouvements. Maintenant, il est trop tard, le corps expéditionnaire a pris sa formation de défense et n'a plus rien à craindre. « En quelques instants, l'ordre le plus exact régna dans cet ensemble imposant (1). »

Malgré son assurance et sa confiance dans le succès, le maréchal dut éprouver un certain soulagement en voyant sa fameuse « tête de porc » formée comme il le désirait, sur la rive droite de l'*Isly*. Le terrain était maintenant découvert et sans obstacle sérieux jusqu'aux camps, il n'y avait plus qu'à marcher de l'avant. Quant aux attaques que les Marocains préparaient, tout le monde était prêt à les recevoir; le moral de la troupe était excellent et chacun brûlait du désir de trouver l'occasion de se distinguer.

Toutes les troupes étant en place, et le commandant *de Martimprey* ayant orienté l' « étoile polaire » vers le mamelon point de direction « le maréchal, tirant son épée du fourreau commanda luimême d'une voix qui nous fit tous tressaillir : « Ba» taillons ! En avant, marche ! » Deux musiques d'infanterie, l'une à droite, l'autre à gauche, entamèrent l'air connu : « La Victoire est à nous. » Et nous partîmes (1) ».

DISPOSITIONS PRISES PAR L'ARMÉE MAROCAINE

Voyons maintenant quelles étaient les dispositions prises par l'armée marocaine.

Les avertissements n'avaient pas manqué à *Moulay Mohamed* et s'il avait été actif et vigilant, il aurait pu replier son camp et se préparer à la bataille dans de bonnes conditions. « Dans la nuit qui précéda le combat, deux Arabes du pays arrivèrent au camp et demandèrent à être introduits auprès du « hajeb » qui était le « fquih » *Si Ettayeb ben el Yamani*, surnommé « *Bou Euchrin* ». Arrivés auprès de lui, ils lui dirent : « L'ennemi se dispose à vous surprendre demain ma» tin, préparez-vous à le recevoir et prévenez votre » général. » On prétend que le « hajeb » leur répondit : « Le général dort en ce moment, ce n'est pas moi » qui le réveillerai. » Après eux, quatre autres hommes vinrent donner des informations sur l'ennemi : ils furent reçus comme les premiers. A l'aube, le khalifa venait de terminer sa prière quand une dizaine de cavaliers, arabes selon les uns, gardiens du khalifa

(1) Du Barail.

selon les autres, arrivèrent pour lui annoncer que l'ennemi était en route et qu'ils l'avaient quitté au moment où il commençait à lever le camp. Le khalifa donna l'ordre de monter à cheval et de se tenir prêts; personne ne devait rester à la « méhalla », sauf les fantassins, qui étaient moins d'un millier. Il envoya l'ordre de se mettre en selle aux *Beni-Snassen* qui arrivaient par milliers et qui étaient presque aussi nombreux que les troupes du khalifa. Les cavaliers marchèrent contre l'ennemi, rangés en bataille à perte de vue, leurs étendards flottant au-dessus d'eux. Ils offraient un spectacle surprenant et présentaient un ordre magnifique. Au milieu d'eux marchait le khalifa avec le parasol ouvert au-dessus de la tête, monté sur un cheval blanc et vêtu d'un manteau rouge, se distinguant des autres par son extérieur et son appareil. Quand les deux armées se rapprochèrent, des lignes de cavaliers se mirent à se porter en avant, comme pour hâter le combat. Mais le khalifa ordonna aussitôt le calme, la dignité et une marche prudente. Puis, les deux troupes se trouvant face à face, le combat s'engagea (1) ».

Le passage du récit précédent, qui se rapporte à l'entrée en action des *Beni-Snassen*, paraît inexact. Si les *Beni-Snassen* montèrent à cheval, la grande majorité ne prit pas part à l'action. Ils restèrent en expectative jusqu'à la fin du combat et se retirèrent ensuite dans leurs montagnes. Pendant la marche d'approche du corps expéditionnaire, dans la matinée, une colonne de *Beni-Snassen* avait marché parallèlement à lui . « Le matin, nous étions, dans notre marche, côtoyés à trois lieues par une grande ligne de poussière que nous avons appris plus tard être

(1) Ahmed en Nasiri es Ilaoui.

produite par un contingent de 7.000 *Beni-Snassen*, qui ralliaient un deuxième corps d'armée, qui a fait, dit-on, retraite, en apprenant la déroute du premier (1). »

Le lieutenant-colonel *de Castellane* fait allusion, dans une lettre du 4 septembre 1844, adressée au général *de Castellane*, à cette attitude des *Beni-Snassen* : « La puissante tribu des *Angad*, qui n'est soumise ni à la France ni au Maroc, s'était jointe à une autre tribu non moins puissante (*Beni-Snassen*); elles formaient, à elles deux, environ 6.000 combattants qui se tenaient sur notre flanc gauche (droit), à quelques lieues en arrière, prêts à nous attaquer si nous avions eu un échec. L'avantage nous étant resté, ces tribus sont demeurées tranquilles. »

Outre les *Beni-Snassen*, *Abd el Kadder* et ses fidèles étaient également au voisinage du champ de bataille; il se tenait en observation sur les pentes du *Djebel-Hairaza*. Tous ces spectateurs attendaient l'issue du premier engagement. Ni les *Beni-Snassen*, qui n'avaient jamais reconnu la puissance temporelle du sultan, ni *Abd el Kadder*, ne voulaient se compromettre pour *Moulay Mohamed*, mais il est probable que si l'armée française eût subi un échec, tous se fussent rués à l'attaque en manifestant hautement leur attachement au fils du sultan.

Le maréchal *Bugeaud* ne paraît pas avoir eu connaissance pendant la bataille de la présence, sur son flanc droit, de ces masses prêtes à intervenir. Aucune pointe, aucun détachement de sûreté ne sera envoyé soit en arrière, soit sur les flancs. C'était contraire aux idées d'alors et considéré comme dangereux pour

---

(1) Lettre du commandant d'état-major *Gouyon* (20 août 1844).

les isolés. D'ailleurs, le dispositif du corps expéditionnaire répondait à toutes les attaques et contenait en lui-même le maximum de puissance défensive. Il n'y avait aucune disposition nouvelle à prendre, si une fraction ennemie était signalée venant au secours de l'armée marocaine. On eût eu affaire à quelques milliers de cavaliers de plus, voilà tout, et ce n'était pas pour effrayer le maréchal et ses soldats. La question se serait compliquée si ces renforts avaient été composés d'infanterie en grand nombre et prenant l'offensive. Mais cela n'était guère à redouter de la part des Marocains de 1844, qui méprisaient le combattant à pied et le considéraient comme inférieur, dans la bataille, au cavalier (1).

De ce qui précède, on peut donc conclure que si l'armée marocaine avait été surprise par l'arrivée du corps expéditionnaire, cette surprise n'avait nullement paralysé ses moyens, au début. Les troupes de *Moulay Mohamed* rangées en bataille, étaient pleine d'ardeur et n'attendaient qu'un signal pour se lancer à l'attaque de la petite armée française.

2° Première phase du combat.

De l'endroit où le corps expéditionnaire avait pris sa formation de combat, on aperçoit moins bien l'ensemble du terrain que des pentes du *djorf El Akdar*. Comme nous l'avons déjà dit, le sol en pente douce s'élève graduellement par de petites ondulations jusqu'au pied du mamelon sur lequel tenait *Moulay-*

---

(1) Nous verrons cependant plus loin qu'une colonne d'infanterie (*Rif* et *Beni-Snassen*) était en marche vers le champ de bataille, venant de la direction général d'*Aïn-Sfa*. Cette colonne n'eut pas le temps d'intervenir et fut entraînée dans la déroute des cavaliers de la garde noire battus par le 2e chasseurs d'Afrique.

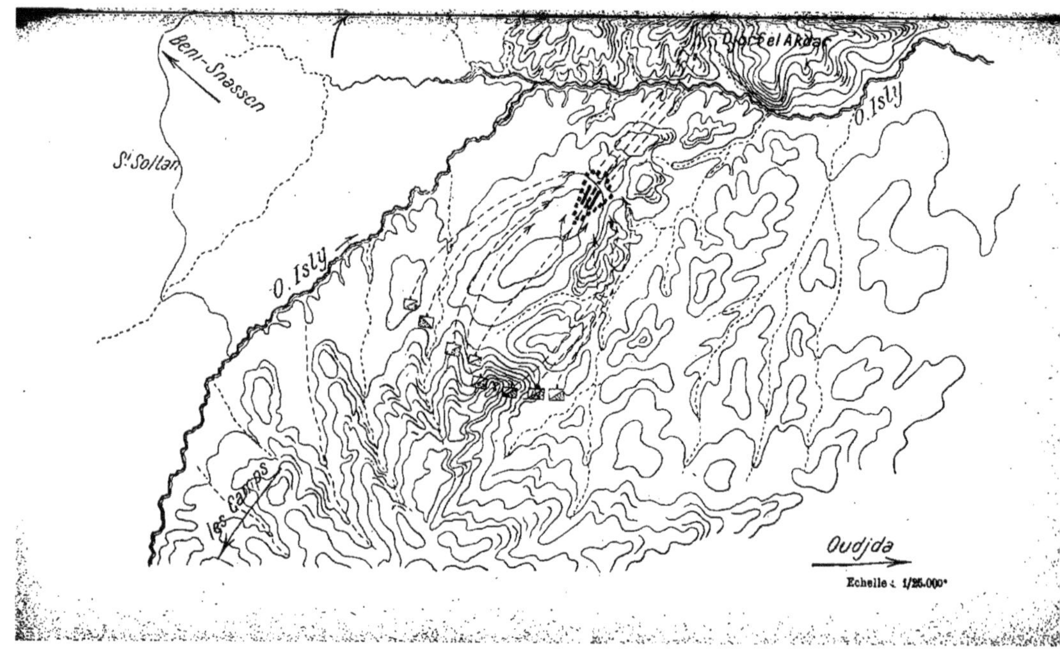
Beni-Snassen
St Soltan
O. Isly
O. Isly
les Camps
Oudjda
Echelle : 1/25.000e

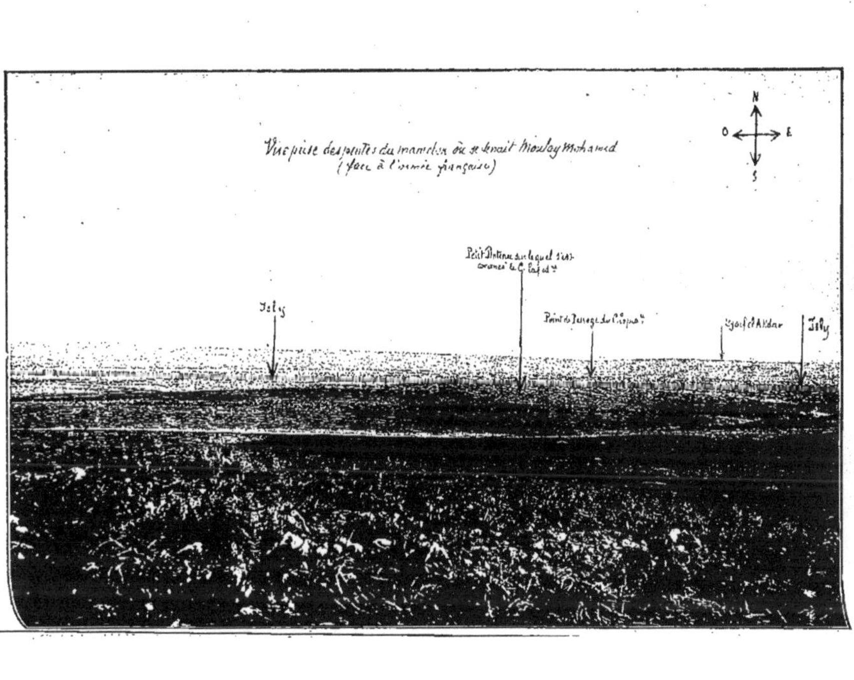
Vue prise des pentes du mamelon où se tenait Moulay Mohamed
(face à l'armée française)
N
O
E
S
Isly
Isly

Mohamed. Ce mamelon n'apparaît plus, à la distance de 3.000 mètres environ, que comme une butte peu élevée, fermant l'horizon. On ne voit plus les collines sur lesquelles étaient les camps. Vers la gauche (est), un ravinement peu profond nous sépare d'une ligne de terrain parallèle à l'axe de marche et dominant de deux mètres à peu près le plateau. Vers la droite (ouest), au contraire, la plaine dénudée et légèrement en contre-bas s'étend jusqu'à l'*Isly*.

Le corps expéditionnaire, en formation de combat, s'était avancé de 500 à 600 mètres, sans être sérieusement inquiété. Les bataillons avaient envoyé, en avant d'eux, une « ligne de tirailleurs assez largement espacés, mais appuyés sur des pelotons de soutien assez rapprochés ». Ces tirailleurs, ceux des bataillons de tête, commençaient à tirer sur des isolés, mais le gros de l'ennemi n'apparaissait pas encore. Ce ne fut qu'après ce premier bond en avant, en franchissant une ondulation, que la vue en avant se dégagea et que l'on aperçut la ligne ennemie qui attendait le moment d'attaquer : « Après avoir gravi les premiers mouvements de terrain, nous avons vu devant nous, sur les longues pentes d'une colline, une masse immense de cavalerie opposée à notre marche directe, tandis que d'autres corps s'étendaient à notre droite dans la plaine ou suivaient les mouvements de terrain sur notre gauche. Au sommet de la colline, se révélait la présence du fils du sultan par une réunion de drapeaux et, au centre, le grand parasol d'honneur, marque de sa dignité. »

L'apparition de l'armée française déclancha l'attaque des Marocains. Une masse importante se lança à toute allure sur l'avant-garde. Le 8e bataillon de chasseurs reçut le choc. La 3e compagnie déployée en tirailleurs ouvrit un feu très vif; appuyée bientôt par les feux de peloton du bataillon qui marchait en réserve en colonne par peloton à demi distance.

A ce moment, le maréchal donna l'ordre à son artillerie de campagne (4 pièces de 8 et 1 obusier de 24) qui marchait derrière la réserve d'infanterie (bataillon des 53e et 58e) de se porter, au trot, à hauteur du 1er échelon engagé et d'ouvrir le feu sur le groupe du fils du sultan, sur le sommet du mamelon qui se détachait très nettement sur l'horizon, à la distance de 2.500 mètres.

Dès la première salve de l'artillerie, la cavalerie qui entoure le fils du sultan, se partage en deux groupes qui dévalent, à toute allure, par la droite et par la gauche, vers les colonnes latérales. Les fractions qui attaquaient l'avant-garde suivent le mouvement, de sorte que le 8e bataillon de chasseurs se trouve dégagé et n'a bientôt plus personne devant lui. L'artillerie suit d'ailleurs de ses feux les fractions qui se portent à droite et à gauche. Cette action de l'artillerie porte, dès le début, une grande perturbation dans l'armée marocaine. Le feu continu à mitraille et aussi les feux du 8e chasseurs forment en avant du corps expéditionnaire une zone où l'ennemi n'ose plus entrer, il se lance vers les ailes et commence une série de charges tumultueuses sur les échelons successifs et jusqu'à l'arrière-garde.

A l'aile gauche, la ligne de crêtes dont nous avons parlé permettait à l'ennemi de s'approcher, à l'abri, et assez près de la colonne. C'était de ce côté que les attaques étaient le plus à craindre. Un groupe de 2 à 3.000 cavaliers se préparait à charger de ce côté et galopait derrière la crête. Mais le colonel *Pélissier*, qui commandait la brigade de gauche, avait vu le mouvement à temps. Les bataillons étaient sur leur garde et l'artillerie de montagne venait de se mettre en batterie, prête à ouvrir le feu sur le point où la masse ennemie allait déboucher. Aussi lorsque les cavaliers marocains apparurent, gesticulant et hurlant, ils furent salués par une décharge générale qui coupa leur élan. Ils réussirent bien à forcer la ligne des tirailleurs mais ceux-ci s'abritaient derrière les buissons de jujubiers, ou se groupaient rapidement près de leurs soutiens, ne subissant presque aucun dommage et fusillant les cavaliers au passage. Les charges furent arrêtées par les feux croisés de l'infanterie et de l'artillerie, aucune n'arriva à portée des bataillons. Deux bataillons seulement de l'aile gauche s'étaient formés en carré.

A l'aile droite, une grosse masse de cavalerie ennemie avait foncé sur le centre de la ligne, qu'elle semblait vouloir percer. Mais elle avait été disloquée par le feu de l'artillerie de montagne et par celui de l'artillerie de campagne qui avait fait face à droite. Les cavaliers marocains tourbillonnèrent sans pouvoir atteindre l'infanterie. De ce côté, les charges ennemies avaient peu de chance de réussir, en raison de la forme générale du terrain. La plaine s'étendait jusque et au delà de l'*Isly*, la colonne de droite dominait légèrement toute la zone d'approche de la cavalerie marocaine. Donc toute charge était vue de loin et elle restait sous le feu pendant toute sa dernière partie. Il est vrai de dire qu'en 1844, les conditions du combat étaient beaucoup plus favorables à la cavalerie que de nos jours. La portée efficace du fusil n'était guère que de 400 mètres et la charge de l'arme se faisait lentement coup par coup. La cavalerie pouvait arriver à bonne portée sans être trop décimée et, en tenant compte de l'effet moral produit sur le fantassin, on conçoit que pendant les derniers 400 mètres de galop, les escadrons, après une première décharge de l'infanterie, pouvaient espérer arriver sans que les fantassins aient eu le temps de recharger leurs armes. C'est ce qui explique que dans toute la période où l'armement conserva ces mêmes caractéristiques, les charges de cavalerie aient été considérées comme très dangereuses et que tous les tacticiens aient eu comme principale préoccupation de trouver les moyens d'en garantir l'infanterie.

Les premiers chocs des masses marocaines s'étaient donc brisés sur tout le pourtour du corps expéditionnaire. Les cavaliers ennemis s'étaient alors reformés en arrière et renforcés par tout ce que l'armée comptait d'hommes à cheval, ils s'étaient de nouveau lancés à l'attaque sur toutes les faces du losange. « Les Marocains opéraient sur nos petits bataillons des charges composées de 4 à 5.000 cavaliers. Nos fantassins les laissaient arriver à petite portée et les accueillaient alors avec des feux si nourris et si bien dirigés que le premier rang décimé se rejetait sur le second et tous deux jetaient le désordre dans ces masses indisciplinées (1). » Dans ces charges en « goum », le premier rang seul comptait, les cavaliers en arrière ne savaient que gesticuler et crier, et la plupart tiraient en l'air, comme dans une fantasia. C'est ce qui explique la pluie de balles mortes dont parle *Léon Roches* : « Je n'exagère nullement en disant que tous, soldats, officiers et généraux, nous avons été atteints, au moins une fois, par des balles mortes. »

Le corps expéditionnaire, qui avait continué à marcher jusque-là, fut contraint de s'arrêter, un instant, au milieu de cette multitude hurlante qui galopait avec frénésie sur tout le pourtour et essayait d'entamer les bataillons. La petite armée française ressemblait, se-

(1) Léon Roches.

lon l'expression d'un Arabe (1) : « à un lion entouré par 100.000 chacals. »

Mais tous les efforts des Marocains furent impuissants à forcer la forteresse humaine constituée par le losange du maréchal. Fortement éprouvés et découragés, ils se retirèrent du combat pour aller se reformer à l'abri. Il était alors environ 10 h. 30.

Le corps expéditionnaire se remit vite en marche, les bataillons se reformant dans l'ordre de combat et l'artillerie reprenant sa place. Les pertes sont insignifiantes, les quelques blessés sont placés sur des cacolets à la colonne centrale.

Dès lors, la marche va continuer sans interruption, malgré les charges partielles, mais fréquentes, que l'ennemi va continuer à lancer sur tous les points, plus particulièrement sur l'arrière-garde et la colonne de gauche. Ces attaques, comme les précédentes, seront arrêtées net par le feu, avant d'arriver aux lignes d'infanterie et elles ne nécessiteront aucune disposition sérieuse de défense. C'est du côté de l'aile gauche que l'ennemi semble porter principalement ses efforts. Trois attaques très vives et menées avec énergie viennent se briser contre les tirailleurs des bataillons du colonel *Pélissier*. Pas plus que les autres, elles n'arrivent à leur objectif. C'est ainsi que le commandant *Bouat*, du 10e bataillon de chasseurs, bataillon qui se trouvait au milieu de l'aile gauche, pourra écrire, le lendemain de la bataille : « Ils n'ont pas voulu venir à moi; nous étions cependant préparés à les bien recevoir; mes tirailleurs en ont tué une trentaine. Mon bataillon était dans un ordre parfait et je ne l'avais jamais vu en aussi bon ordre. »

Le corps expéditionnaire arrive ainsi bientôt au pied de la dernière pente qui aboutit au mamelon de direc-

(1) Léon Roches.

tion. L'avant-garde commence à se diriger sur ce point. L'artillerie de campagne, à ce moment, se remet en batterie pour tirer sur quelques groupes qui semblent vouloir se reformer pour l'attaque. Les dernières salves provoquent la déroute définitive des Marocains qui fuient vers les camps avec l'intention probable de les défendre.

Ahmed en Nasiri es Slaoui raconte ainsi la défaite de l'armée de *Moulay Mohamed* :

« L'ennemi observait surtout le kalifa et dirigea plusieurs fois son tir sur lui; une bombe vint même tomber devant le porte-parasol, son cheval s'emporta et faillit le désarçonner. Voyant cela, le kalifa changea son aspect extérieur. Il fit replier le parasol, monta un cheval bai qu'il se fit amener et mit un autre manteau. De cette façon, il disparaissait dans la foule. Les musulmans avaient jusque-là brillamment repoussé l'ennemi et lui avaient infligé des pertes sérieuses. Leurs chevaux s'effrayaient du bruit des canons, mais il les éperonnaient vigoureusement et ils tenaient ferme contre l'ennemi.

» Mais quand, se tournant du côté du kalifa, ils ne le virent plus à cause de son changement d'aspect, ils furent pris de peur, car des alarmistes disaient qu'il était mort. Aussitôt le désordre se mit dans leurs rangs. Les *Cherarda* se hâtèrent vers la méhalla et se rendant maîtres des tentes où était l'argent, s'en emparèrent et s'entre-tuèrent pour se l'arracher. Ceux qui étaient dominés par l'effroi les suivirent, les autres s'esquivèrent peu à peu, de sorte que l'armée fut battue sur tous les points. Un des personnages de son entourage vint annoncer au kalifa que l'armée était défaite et que les hommes se tuaient et se volaient dans la méhalla : « Gloire à Dieu ! », s'écria-t-il, et, se retournant, il constata la conduite effrayante des troupes et battit en retraite. Les gens qui étaient restés avec lui furent mis en déroute jusqu'au dernier. L'ennemi les poursuivait et lançait sans discontinuer des boulets et des obus... »

De ce récit, on peut conclure que *Moulay Mohamed* ne donna pas, pendant la bataille l'exemple de la bravoure. Quant aux scènes de pillage, rapportées par l'auteur, il est probable qu'elles sont exactes, étant parfaitement dans le caractère des Marocains.

Le corps expéditionnaire n'avait donc plus d'ennemis devant lui. Les bataillons de tête enlevèrent sans difficulté la butte où se trouvait *Moulay Mohamed* au commencement de la bataille. Il n'y avait plus qu'à opérer le changement de direction prévu pour se rabattre, à droite, sur les camps.

La partie la plus importante du combat était terminée; elle aboutissait à une victoire complète de l'armée française sur les masses désordonnées de l'adversaire. Toutes les prévisions du maréchal s'étaient réalisées; la bataille s'était bien présentée telle qu'il l'avait annoncée à *Maghnia;* c'était un combat contre la cavalerie. La « tête de porc » était bien entrée dans la multitude des cavaliers ennemis comme « un vaisseau dans les flots ». L'organisation et la science militaire avaient bien triomphé du nombre et de l'ignorance.

Une partie du programme prévu restait à réaliser : l'emploi de la cavalerie maintenue jusque-là en réserve, au milieu du losange. Le maréchal pensa que le moment était venu de l'engager et cela pour les raisons suivantes : les masses de cavalerie de l'ennemi sont disloquées et fortement éprouvées par leurs attaques infructueuses contre l'infanterie; il faut atteindre le plus tôt possible les camps, avant que l'ennemi ait le temps de les lever ou d'emporter le butin; il faut poursuivre les fuyards et les empêcher de se reformer et de préparer une nouvelle défense des camps qui ne doivent être gardés actuellement que par quelques fantassins et artilleurs.

« La cavalerie de l'ennemi se trouvant divisée par ses propres mouvements et par ma marche qui la coupait en deux, je crus le moment venu de faire sortir la mienne sur le point capital, qui, selon moi, était le camp que je supposais défendu par l'infanterie et l'artillerie (1). »

L'engagement de la cavalerie du colonel *Tartas*, constitue une opération distincte, presque indépendante de l'action du corps expéditionnaire qui suivra derrière, à l'allure de l'infanterie, pendant que les escadrons galoperont à l'assaut des camps.

3° Engagement de la cavalerie. — Prise des camps.

Nous avons vu que la cavalerie du corps expéditionnaire, comprenait dix-neuf escadrons sous les ordres du colonel *Tartas*. Ces escadrons marchaient au centre du losange, en deux colonnes, à droite et à gauche de l'ambulance et des équipages. La colonne de gauche, sous les ordres du colonel *Yusuf*, était composée de six escadrons de spahis et de trois escadrons du 4e chasseurs d'Afrique. La colonne de droite, sous les ordres du colonel *Moriss*, comprenait six escadrons du 2e chasseurs d'Afrique, deux escadrons du 1er chasseurs et deux escadrons du 2e hussards. Le maghzen (douairs et smela), sous les ordres du commandant *Walsin-Esterhazy*, suivait la colonne de gauche. Au total, près de 2.000 sabres.

Arrivé au pied du mamelon, point de direction du corps expéditionnaire dans la première partie du combat, le maréchal donne l'ordre au colonel *Tartas*

(1) Rapport du maréchal. (Bivouac de *Koudiat Abderrhaman*, 17 août 1844.)

de faire sortir du carré sa cavalerie et de la lancer sur les camps ennemis, en la répartissant en plusieurs échelons, la gauche en avant et la droite appuyée à l'*Isly*.

« Je donnai l'ordre au colonel *Tartas* d'échelonner ses dix-neuf escadrons par la gauche, de manière que son dernier échelon fût appuyé à la rive droite de l'*Isly*. »

Le général *de Lamoricière* se porte lui-même, au galop, auprès du colonel *Yusuf* pour lui transmettre les instructions du maréchal et lui annoncer qu'il formera le premier échelon et chargera en tête. Les ordres rapidement transmis dans les deux colonnes de cavalerie y provoquent l'enthousiasme, tous étant impatients de sortir de l'inaction où le maréchal les avait laissés pendant la première phase de la bataille. Les escadrons étaient en colonnes serrées et les cavaliers avaient déjà le sabre à la main. Au reçu de l'ordre, les deux colonnes prennent le trot, conversent à droite et, dans un ordre parfait, sortent du carré entre les bataillons de tête de la colonne de droite. Dans ce mouvement, les escadrons défilent devant le maréchal : « Jamais, à *Longchamp*, ou place du *Carrousel*, défilé ne fut aussi régulier et aussi brillant que celui-là (1). »

Les échelons se forment à mesure que les escadrons ont gagné leurs intervalles et leurs distances. Ils sont constitués de la façon suivante :

Echelon de gauche : six escadrons de spahis et trois escadrons de chasseurs du 4e régiment, sous les ordres de *Yusuf*.

2e échelon (en arrière et à droite du 1er) : trois escadrons du 2e chasseurs d'Afrique.

---

(1) Du Barail.

3e échelon (en arrière et à droite du 2e) : trois escadrons du 2e chasseurs d'Afrique.

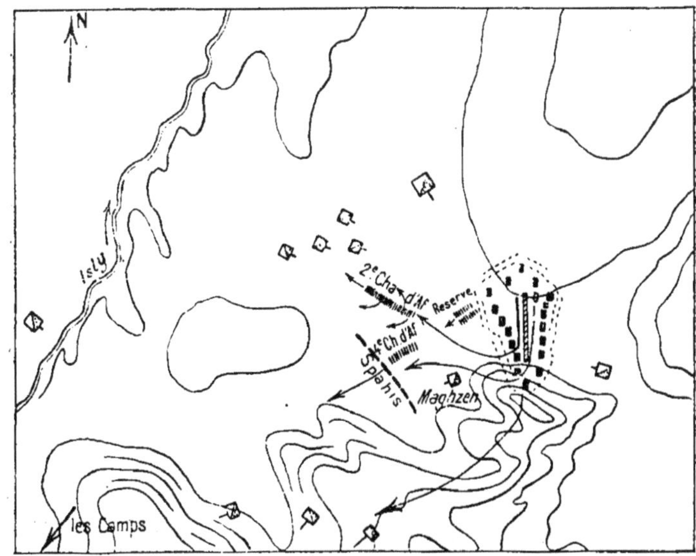

Les 2e et 3e échelons sont sous les ordres du colonel *Moriss*, commandant le 2e chasseurs d'Afrique.

Un 4e groupe ou échelon forme réserve. Il est constitué, sous les ordres du colonel *Gagnon*, par les deux escadrons du 1er chasseurs d'Afrique et les deux escadrons du 2e hussards. Cette réserve suivra le mouvement, vers le centre du système. Le maghzen suivra à distance le premier échelon.

Telles sont les dispositions initiales prises par le colonel *Tartas*. Elles répondent bien à la situation. La troupe d'attaque (1er échelon) comprend presque la moitié des escadrons (9 sur 19); en première ligne se trouvent les troupes indigènes, moins à ménager. Cette ligne d'attaque est fortement étayée à droite, côté dangereux, par deux échelons formés des escadrons du même régiment et sous les ordres d'un chef

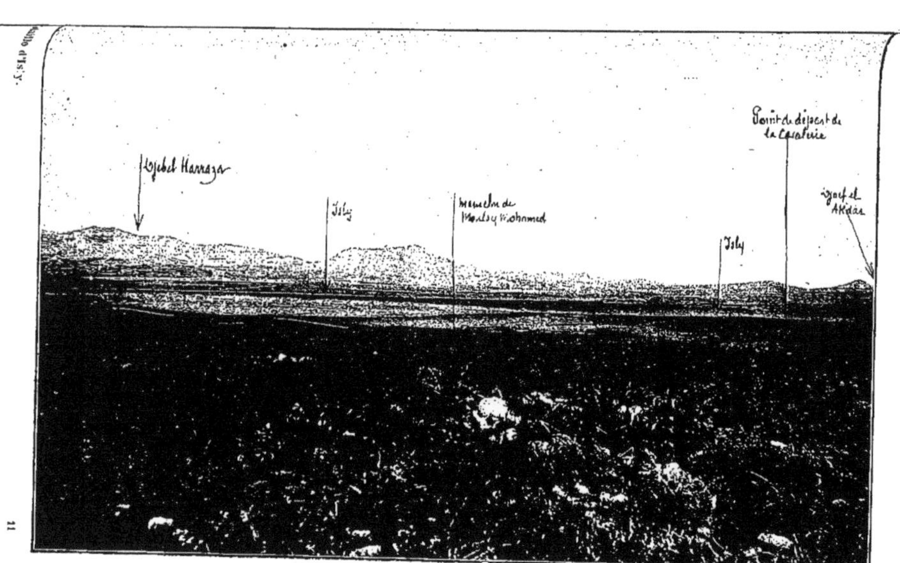

...ille d'Isly.

11

unique qui pourra combiner l'action de ses deux échelons. En arrière, une réserve de quatre escadrons est prête à intervenir soit pour appuyer le premier échelon, soit pour parer à un danger vers la droite ou la gauche. Cette réserve comprend les deux escadrons de hussards nouvellement arrivés de France et qui n'ont pas encore donné leur mesure au combat.

La photographie ci-dessus est prise des pentes du mamelon où se tenait *Moulay Mohamed*, face à l'ouest. Au fond et à gauche on aperçoit le *djebel Harraja*, d'où *Abd el Kadder* suivait les péripéties de la bataille. C'est dans la plaine qui s'étend entre le pied des pentes herbeuses qui forment le premier plan de la photographie et l'*oued Isly*, dont on aperçoit les berges à pic, que la cavalerie s'est formée en échelons, la gauche en avant et la droite à l'*Isly*.

On peut se rendre compte que le terrain est très favorable à l'action de la cavalerie ; aucun obstacle sérieux, un bon sol quoique un peu caillouteux, des vues assez étendues surtout vers la droite. En avant du premier échelon, c'est-à-dire en regardant dans la direction des camps, le terrain s'élève peu à peu par une série d'ondulations et de croupes de plus en plus accusées et dont la ligne de faîte est sensiblement perpendiculaire à la direction d'attaque. Les pentes sont toujours relativement douces et le sol est découvert, offrant partout la même nature.

Nous allons suivre d'abord le mouvement du 1er échelon. Nous reviendrons ensuite en arrière pour étudier l'engagement du 2e chasseurs d'Afrique (2e et 3e échelons) dont la manœuvre sera presque, dès le début, distincte de celle des spahis, par suite de l'apparition de masses de cavalerie ennemie sur la droite.

CHARGE DU 1er ÉCHELON (spahis)

Dès que les neuf escadrons mis à la disposition du colonel *Yusuf* furent sortis, en colonne serrée, du losange, leur chef les forma en ligne face à la direction d'attaque.

« Dès que nous eûmes franchi les lignes d'infanterie, *Yusuf* commanda le déploiement au galop, et les six escadrons de spahis se trouvèrent en ligne, soutenus par quatre (1) escadrons des chasseurs d'Afrique en colonne serrée. La manœuvre était belle et bonne. »

Ces lignes sont empruntées au général *du Barail*, qui était alors lieutenant aux spahis. Il a chargé en première ligne et doit se rappeler la formation prise au départ. Il semble, d'après lui, que les six escadrons se formèrent en bataille et ce point est confirmé par le passage du même auteur où il parle, quelques lignes plus loin, des quelques blessés de la première décharge d'artillerie ennemie; la formation n'a pas changé depuis le départ. « Pourtant trois hommes de l'escadron furent atteints mortellement, et, parmi eux l'officier indigène qui commandait *le peloton placé à la droite du mien*. Il s'appelait *Bou Schakor*... »

Donc l'escadron de *du Barail* était en bataille, les autres aussi, vraisemblablement.

Dans son livre sur *Yusuf*, le général *Derrécagaix* rapporte le récit de la bataille d'*Isly* que lui fit, le 9 novembre 1859, sur le terrain même, le général *Yusuf* et il dit en parlant de la formation de départ du 1er échelon ; « Celui-ci (*Yusuf*) forma d'abord ses es-

(1) Il n'y avait que trois escadrons du 4e chasseurs d'Afrique.

cadrons en colonne serrée pour les tenir dans la main jusqu'à l'heure de la charge. »

Il semble que le général *Yusuf* a dit ici ce qu'il aurait dû faire plutôt que ce qu'il a fait. Le déploiement de ces six escadrons, dès le départ, était prématuré et il explique le désordre que nous allons voir se produire plus loin, à l'apparition d'une charge ennemie à droite et sur les spahis.

La formation de départ aurait pu être la suivante : les six escadrons de spahis en ligne de colonnes de pelotons, soutenus, en arrière, par les trois escadrons de chasseurs en colonne serrée.

Quoi qu'il en soit, le premier échelon tel que l'avait formé *Yusuf* partit au galop dans la direction des camps.

Aucune masse ennemie ne se présentait encore et, par suite de la forme vallonnée du terrain, le camp du fils du sultan, objectif principal, était masqué par les rides successives qu'il fallait gravir. Bientôt les spahis atteignirent une croupe plus élevée formant plateau : « Nous atteignîmes rapidement, au galop, par un terrain en pente douce, un premier plateau où notre apparition fut saluée par une décharge à mitraille de l'artillerie marocaine, qui nous attendait à bonne portée. »

Cette artillerie qui n'avait pas donné signe de vie dans la première partie de la bataille, était établie en avant du front de bandière du camp de *Moulay Mohamed* qu'elle semblait avoir pour mission principale de défendre. De l'emplacement de la batterie, les servants ne pouvaient apercevoir le corps expéditionnaire pendant sa marche sur le mamelon *Moulay-Mohamed*, et il était impossible à cette artillerie de se déplacer pendant le combat, faute d'attelages et faute d'instruction à ce sujet. Les pièces une fois en position y restaient jusqu'à la fin de la bataille, elles tiraient droit devant elles, le plus souvent à mitraille et avec un pointage des plus approximatifs. Il était heureux qu'il en fût ainsi, car il est évident qu'avec onze pièces ennemies bien servies et manœuvrant, le corps expéditionnaire eût éprouvé des pertes très sérieuses, étant donnée sa formation vulnérable.

La décharge qu'essuya la ligne des spahis ne fut pas très meurtrière, quelques hommes seulement furent atteints. La plupart des projectiles passèrent trop haut. Le mouvement en avant continuant, les escadrons, en descendant la pente nord du plateau, se trouvèrent de nouveau masqués et à l'abri des feux de l'artillerie ennemie. Puis, de nouveau, ils furent en vue, en gravissant la ride suivante du terrain. C'est à ce moment que la ligne des spahis se vit menacée vers sa droite, par une masse ennemie qui la chargeait de flanc et qui s'avançait grand train. La situation était critique : les camps étaient très près, séparés des spahis par un petit vallonnement; l'artillerie et quelques fantassins tiraient sur la ligne et un goum important chargeait sur la droite. *Yusuf* prit la décision de laisser une partie de son monde face à l'objectif primitif et de faire face, avec le reste, à l'attaque qui se prononçait à sa droite. Seulement l'exécution n'était pas commode, étant donnée l'étendue de sa ligne de bataille. Il commanda rapidement un changement de front à droite. Le mouvement fut exécuté par les trois escadrons de droite. Quant aux trois autres, soit qu'ils n'aient pas reçu d'ordre, soit qu'ils n'aient pas compris, ils restèrent indécis, sous le feu de l'artillerie et dans un désordre facile à concevoir. *Yusuf*, avec ses trois escadrons, était parti à fond de train sur le goum marocain qui n'attendit pas le choc et s'enfuit au delà de l'*Isly*. L'ennemi fut épouvanté de l'ardeur et de l'élan des spahis qui ne comptaient pas leurs adversaires. D'ailleurs, depuis l'année précédente, depuis la prise de la *smala*, la cavalerie d'Afrique avait une confiance en elle et une audace qui la poussaient aux plus folles entreprises. Nous le verrons un peu plus loin en suivant le 2e chasseurs d'Afrique dans ses mouvements.

Yusuf, outre son élan et sa bravoure bien connue, avait une raison de plus de charger personnellement à bride abattue. Il montait un superbe cheval blanc : « Il raconta que cet animal ne supportait pas l'éperon et que cependant ce jour-là il avait cru devoir mettre ses plus beaux *chabirs* (éperons). Il en résulta qu'à la première charge, en tête de ses spahis, son cheval s'emballa. Il se voyait déjà aux mains des Marocains, quand l'idée lui vint d'enlever son burnous, de le jeter sur la tête de sa monture et de le serrer sous le cou de façon à l'étouffer. Il put ainsi l'arrêter et éviter un malheur (1). »

Pendant que les trois escadrons qui suivaient *Yusuf* avaient repoussé brillamment l'attaque des cavaliers marocains, les trois autres escadrons, qui avaient fini par se remettre en ordre sous le commandement du chef d'escadrons *d'Allonville*, avaient continué la charge sur le camp du fils du sultan. Grâce au terrain, la première partie du mouvement s'était faite à l'abri des feux de l'artillerie; les escadrons ne rencontrèrent aucune résistance de la part des malheureux fantassins envoyés contre eux. Ces derniers, pris de panique, fuyaient devant les cavaliers, en jetant leurs armes. *Du Barail* cite, à ce sujet, un exemple de l'effet terrible de la lance, lorsqu'elle est bien maniée : « L'infanterie surprise, fuyait éperdue devant notre charge,

---

(1) Général DERRÉCAGAIX, *Yusuf*.

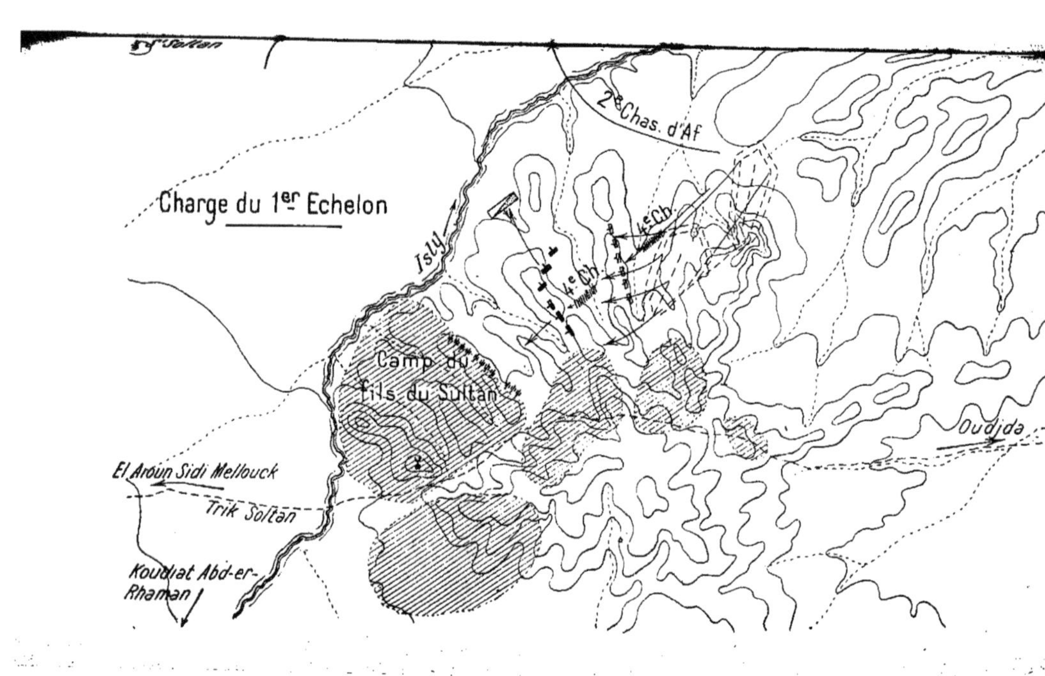
Soltan
2e Chas. d'Af
Charge du 1er Echelon
Isly
4e Ch.
Camp du
fils du Sultan
Oudjda
El Aroun Sidi Mellouck
Trik Soltan
Koudiat Abd-er-
Rhaman

sans avoir l'idée de se mettre en défense. Le porte-fanion de l'escadron était un brigadier nommé *Kéneur*, qui sortait d'un régiment de lanciers. Tout en galopant à sa place, il avait mis sa lance en arrêt, à la hauteur du poitrail de son cheval, et, sans mouvement apparent, il semblait, à chaque instant, toucher légèrement un Marocain. L'impulsion du cheval suffisait pour rendre le coup mortel. Le fantassin faisait deux ou trois pas en avant, en trébuchant, et tombait pour ne plus se relever. »

Les spahis avaient ainsi galopé pendant 300 ou 400 mètres, mais bientôt ils sortirent de l'angle mort où ils se trouvaient. Ils arrivèrent sur un glacis découvert dominé par la colline où se trouvaient les pièces d'artillerie et les défenseurs du camp de Moulay Mohamed, sur le front de bandière même de ce camp. Un feu plongeant les accueillit au moment où ils commençaient à se désunir par suite de la charge déjà fournie. Des pertes assez importantes se produisirent rapidement dans les rangs et les cavaliers s'arrêtèrent, tourbillonnèrent un instant au pied de la position et finalement tournèrent bride.

Le mouvement de recul des spahis fut heureusement arrêté par la bonne attitude des trois escadrons de chasseurs qui les suivaient. Ceux-ci s'étaient formés en bataille et leur élan les fit passer devant les spahis qui purent se rallier.

D'ailleurs, le maréchal *Bugeaud* qui avançait avec le corps expéditionnaire, avait vu le désordre qui s'était manifesté chez les spahis; il avait vu également le vide laissé par *Yusuf*, lorsque ce dernier était parti à la charge avec trois escadrons vers la droite. Il avait alors immédiatement lancé la réserve de quatre escadrons, en avant. Il avait, en même temps, envoyé sur le lieu du combat son chef d'état-major pour ramener les escadrons qui s'étaient éloignés à droite, à la suite de *Yusuf*.

A la faveur de ces mouvements, *Yusuf* reforma ses escadrons, se mit à leur tête en faisant sonner la charge et se lança, à corps perdu, sur l'artillerie et le camp. Il fut énergiquement appuyé, dans cette attaque, par le 4e chasseurs d'Afrique. Les neuf escadrons du premier échelon enlevèrent, de concert, la position. Les artilleurs furent sabrés sur leurs pièces, dont sept furent prises immédiatement. Les cavaliers de *Yusuf* galopaient à travers les tentes, bousculant tout ce qu'ils rencontraient. Les escadrons de gauche se dirigeaient sur la tente du fils du sultan qui avait servi, depuis le début, de point de direction aux spahis. Cette tente s'élevait sur un mamelon dominant légèrement tout le camp. Une lutte très vive s'engagea au pied de la Kouba, les plus fidèles défenseurs de *Moulay Mohamed* s'y étant réunis et disputant le terrain pied à pied. Les spahis y éprouvèrent des pertes sérieuses, les plus importantes de la journée. Plusieurs officiers furent tués ou blessés (sous-lieutenant *Damotte*, capitaines *Offroy*, *du Barail*). Le capitaine *Fleury* adjudant-major de *Yusuf*, essuya plusieurs coups de feu de cavaliers de la garde noire, son cheval fut tué sous lui et il profita de l'occasion pour se remonter à l'aide « d'un superbe cheval du sultan qui se dressait tout hennissant devant la tente impériale » (1). La prise du camp coûta aux spahis 4 officiers et 15 cavaliers tués, plus de nombreux blessés.

Yusuf et ses spahis traversèrent le camp et se rallièrent au delà des tentes, au bord de l'*Isly*.

Telle fut la fameuse chevauchée des escadrons de *Yusuf*. On voit que s'il y eut quelques fautes commi-

(1) *Souvenirs du général comte Fleury.*

ses, elles furent largement rachetées par la maëstria avec laquelle les spahis furent conduits à la charge sous le feu de l'ennemi. On ne peut qu'admirer le mordant et le moral de cette cavalerie. Nous allons voir que ces qualités n'étaient pas spéciales aux spahis ou aux chasseurs du 4e; les escadrons du 2e chasseurs d'Afrique vont nous donner un bel exemple de l'audace de la cavalerie de cette époque. Ces escadrons étaient commandés par le colonel *Moriss* qui, l'année précédente, avait, avec *Yusuf* d'ailleurs, enlevé la smala d'*Abd el Kadder*. Le bouillant colonel du 2e chasseurs avait, à la suite de cet exploit, conservé une confiance absolue en ses cavaliers et en lui-même. Il ne s'inquiétait plus du nombre de ses ennemis.

2e CHASSEURS D'AFRIQUE

Les six escadrons du 2e chasseurs d'Afrique étaient sortis du losange, en colonne par pelotons et s'étaient dirigés directement vers l'*Isly* pour former, conformément aux ordres reçus, les deux échelons à droite et en arrière des spahis. Mais ils n'eurent pas le temps de gagner leur distance et leur intervalle pour prendre ces dispositions. Des masses confuses de cavaliers marocains galopaient encore autour du corps expéditionnaire et menaçaient les bataillons du général *Bedeau*, ainsi que ceux de l'arrière-garde. Il n'était pas possible de négliger ces ennemis et de faire tête de colonne à gauche pour marcher sur les camps. Le colonel *Moriss* se décida à prendre, comme premier objectif, les cavaliers marocains afin d'en débarrasser le corps expéditionnaire. Comme l'a fait *Yusuf*, il lance un ordre rapide et, sans attendre, part à la charge avec l'escadron qui le suit, il ne s'occupe guère de ce qui se passe derrière lui, sachant que ses capitaines se débrouilleront : « Les escadrons furent formés en avant, ordre inverse, en bataille, au galop, et comme le colonel chargea de suite avec le 1er escadron sans attendre la formation des centres, le régiment se rua par le fait sur les masses ennemies, en échelons déployés en ordre inverse, à distance entière (1). »

L'ordre donné par le colonel de former le régiment entier en bataille était peut-être, théoriquement, moins bon que l'échelonnement qui se produisit tout naturellement.

Mais le colonel *Moriss* pensait qu'il était inutile de faire des finesses de manœuvre et qu'il n'y avait qu'à charger à bonne allure, sur un grand front, pour « ramasser » toute la cavalerie ennemie plus ou moins éparse jusqu'à l'*Isly*.

Le résultat de la charge fut, en effet, de déblayer tout le terrain jusqu'à l'*Isly*. Beaucoup de Marocains furent atteints au passage de l'oued et tués; plusieurs drapeaux furent enlevés, le premier fut pris par le colonel lui-même. Dans l'élan, l'*Isly* fut franchi malgré les ordres qu'avait donnés le maréchal, et le régiment poursuivant les fuyards, se trouva bientôt fort loin dans la plaine de *Si Soltan*, face aux collines qui ferment cette plaine dans la direction d'*Aïn-Sfa*. La situation du régiment était assez curieuse, il tournait le dos à l'armée dont il était éloigné de plus de 4 kilomètres et il n'avait plus d'ennemis devant lui. Par contre, un orage se préparait sur ses derrières. Un goum considérable qui venait de tenter une nouvelle attaque infructueuse sur l'arrière-garde, venait de l'apercevoir et, tenté par le petit nombre des chasseurs, perdus au milieu de la plaine, les Marocains faisaient demi-tour et galopaient vers les escadrons du colonel *Moriss*.

(1) Journal de marche du 2e chasseurs d'Afrique.

Les ennemis étaient près de 6.000 et composés en majeure partie d'*Abid-el-Bokhari*, c'est-à-dire des cavaliers les plus redoutables du sultan, les chasseurs n'étaient que 600 : *un* contre *dix*.

Les escadrons du 2e chasseurs d'Afrique tournaient le dos à l'ennemi qui s'avançait sur lui, ils étaient disposés « en échelons, l'aile droite en avant, l'ordre inverse conservé et à distance entière ».

« Le colonel, débarrassé de ce qui fuyait devant lui, commanda alors un demi-tour aux échelons; après ce mouvement exécuté avec le plus grand calme, il faisait face à l'armée ainsi qu'à la cavalerie noire qui le chargeait par derrière; mais cette simple manœuvre fit obliquer à droite les cavaliers ennemis qui se précipitèrent sur notre flanc gauche pour nous envelopper.

» Quand ils se trouvèrent à hauteur des escadrons, le colonel fit faire un à gauche aux escadrons et recommença une charge en échelons qui, prenant en flanc la masse des noirs et des goums, y jeta le plus grand désordre et la rejeta sur les collines de l'*Isly* qui fait un coude en cet endroit.

» C'est alors que le combat fut le plus acharné, les capitaines *Rousseau*, *de Forton* et *Lecomte*, s'y couvrirent de gloire, nous y tuâmes ou blessâmes plus d'ennemis que nous n'étions. La masse des fuyards se jeta dans une gorge étroite qui pouvait à peine lui donner passage et nous pûmes ramasser une quantité de drapeaux, de chevaux et d'armes (1). »

Le colonel *Moriss*, par sa manœuvre adroite, avait repoussé la première attaque des Marocains, mais ceux-ci étaient revenus plusieurs fois à la charge et s'étaient augmentés des groupes épars qui cherchaient à se reformer après leurs insuccès successifs sur l'in-

(1) Journal de marche du 2e chasseurs d'Afrique.

fanterie française. Les chasseurs étaient toujours dans une situation critique. Pendant ce temps, les spahis s'étaient emparés du camp et le corps expéditionnaire s'avançait derrière eux. Le maréchal, au moment où il allait pénétrer dans le camp avec son état-major, aperçut le colonel *Tartas* qui se disposait à lancer les escadrons de réserve contre un gros de cavalerie ennemie qui se ralliait. Il lui demanda où était le colonel *Moriss* qu'il s'étonnait de ne pas trouver en arrière des spahis. Tout le monde braqua alors ses jumelles pour découvrir celui qu'on cherchait et on l'aperçut avec ses escadrons, au loin, tout au fond de la plaine, en face de la masse importante des Marocains qui l'observaient avec prudence. « J'avais défendu que la cavalerie poussât sa charge au delà de l'*Isly*, s'écria le maréchal avec humeur, *Rivet*, portez l'ordre au colonel *Moriss* de rallier immédiatement ! »

On peut se demander si c'était bien là l'ordre qu'il fallait donner. D'abord, il était très difficile à un officier d'état-major de joindre le colonel *Moriss* entouré d'ennemis; ensuite le 2e chasseurs ne pouvait guère battre en retraite, c'est-à-dire fuir devant l'ennemi, sans s'exposer à un désastre. Il semble, qu'il eût été préférable de considérer la situation telle qu'elle résultait de la faute commise par le colonel, en s'éloignant trop de l'armée, sans récriminer, et qu'il y avait lieu de lui envoyer soit un renfort de cavalerie pour le dégager soit, mieux, un ou deux bataillons d'infanterie pour le recueillir.

C'est d'ailleurs ce qui allait se produire par l'initiative du général *Bedeau*, qui s'était aperçu du danger que couraient les chasseurs.

Quoi qu'il en soit, il s'agissait de porter l'ordre du maréchal tel qu'il l'avait donné : « Les deux chevaux de *Rivet* étaient à moitié fourbus, ceux de *Garraube* et de *Guilmot* ne valaient pas mieux et le colonel *Eynard*, premier aide de camp, ne pouvait s'éloigner du maréchal. Comme mon troisième cheval était frais et dispos, c'est moi qui fus chargé d'aller porter l'ordre au colonel *Moriss*. » Ce fut donc *Léon Roches*, interprète de l'armée qui fut désigné pour cette mission délicate.

Nous pensons bien que ce n'était pas parce que la mission était périlleuse que les chevaux de tous les officiers du nombreux état-major du maréchal étaient fourbus, mais on peut cependant s'étonner du fait. Etant donnée la formation du corps expéditionnaire dont tous les éléments étaient rapprochés, les ordres peu nombreux que les officiers d'état-major eurent à porter ne durent pas fatiguer beaucoup leurs montures. Il y eut donc des fautes commises par ces officiers, au point de vue service d'état-major; sans doute des galopades inutiles ou à des allures immodérées. Les chevaux de ces officiers étaient cependant meilleurs que ceux des spahis ou des chasseurs d'Afrique qui fournirent des charges très dures et répétées et qui n'étaient pas fourbus après la bataille.

Léon Roches partit donc pour remplir sa mission scabreuse. Grâce à l'appui des chasseurs à pied du commandant *Froment-Coste*, ami personnel de l'interprète, celui-ci franchit l'*Isly*, sans encombres, et se dirigea à travers la plaine de la rive gauche, vers le colonel *Moriss*. Il avait 3 kilomètres à parcourir et entre lui et les chasseurs se trouvaient 200 à 300 Marocains en observation. Il n'était guère commode de passer sans être aperçu et pourchassé : « Je pris subitement une étrange résolution. Je maintins mon cheval au pas, je remis dans le fourreau mon sabre que j'avais pris à la main au passage de la rivière et m'avançai tranquillement (en apparence du moins) dans la direction du groupe de cavalerie marocaine qui, voyant mon allure et mon attitude pacifiques, m'examinait avec curiosité. Arrivé à 50 mètres environ des premiers cavaliers, je rassemblai mon cheval et lui enfonçant les éperons dans le ventre, j'entrai tête baissée dans la troupe marocaine. Comment me fut-il possible de la traverser, ne me le demande pas; je ne vis rien. J'entendis de terribles imprécations et grand nombre de coups de fusils, je fus poursuivi par quelques cavaliers, mais, en un clin d'œil, j'étais hors de leur portée et j'arrivais auprès du colonel *Moriss*, bien plus étonné encore que les Marocains de ma brusque apparition. Ni mon cheval ni moi n'avions la moindre égratignure (1). »

Dans son rapport du lendemain de la bataille, le maréchal *Bugeaud* cite l'interprète principal *Léon Roches* avec la mention particulière suivante : « Se distingue en toute occasion de guerre pour laquelle la nature l'avait fait. » Il est certain que le petit incident relaté plus haut fait le plus grand honneur à l'interprète et prouve qu'il possédait des qualités de décision, de sang-froid et de courage peu communes.

Au reçu de l'ordre du maréchal, le colonel *Moriss* déclara à *Léon Rochès* qu'il n'était pas possible de songer à la retraite devant l'ennemi qu'il contenait par son attitude énergiquement offensive. Il se faisait fort de repousser victorieusement toutes ses attaques jusqu'au moment où quelques bataillons d'infanterie pourraient faire une démonstration sur la rive gauche de l'*Isly*.

Léon Roches revint vers le corps expéditionnaire, il était escorté d'un peloton de chasseurs et le retour s'effectua sans incident. En passant, on peut remarquer que le colonel *Moriss* n'hésite pas à se démunir d'un

(1) Lettre de Léon Roches au commandant D...

peloton, preuve nouvelle de son moral remarquable et de sa confiance en ses cavaliers.

Léon Roches rejoint bientôt le commandant *Froment-Coste* auprès duquel il trouve le général *Bedeau*. Celui-ci prend immédiatement l'initiative d'envoyer, au delà de l'*Isly*, le bataillon de zouaves, un bataillon du 15ᵉ léger et le 9ᵉ chasseurs d'Orléans. Il charge *Léon Roches* de rendre compte au maréchal et de demander son approbation, ce qui fut fait.

Pendant ce temps, le colonel *Moriss* prononçait plusieurs charges répétées, engageant presque tous ses escadrons. Finalement la victoire complète lui resta, l'ennemi s'enfuit en déroute dans la direction d'*Aïn-Sfa*, lui laissant entre les mains quantité d'armes, de harnachement et de chevaux. Le 2ᵉ chasseurs d'Afrique rallié, regagna l'armée avec ses trophées. Il rencontra près de l'*Isly* les bataillons envoyés à son secours, qui n'eurent pas à intervenir.

Ainsi que le relate le *Journal de marche du 2ᵉ chasseurs d'Afrique*, le régiment s'est couvert de gloire à la bataille d'*Isly* : « Il a prouvé ce que peut la valeur française quand elle est fortifiée par la discipline et l'instruction.

« Dans cette action mémorable, le régiment a manœuvré avec un aplomb et un calme impossibles à obtenir au milieu du feu, d'une troupe qui n'est pas rompue aux manœuvres de l'ordonnance. Le galop a été poussé à la dernière limite. C'est toute la différence qu'un instructeur eût pu remarquer; mais la quantité d'ennemis tués a fait ressortir l'excellence de l'instruction individuelle que chaque cavalier avait pratiquée avec tant de suite, depuis l'année dernière. »

Afin de compléter cet éloge mérité du 2ᵉ chasseurs d'Afrique, nous ajouterons le dernier paragraphe du

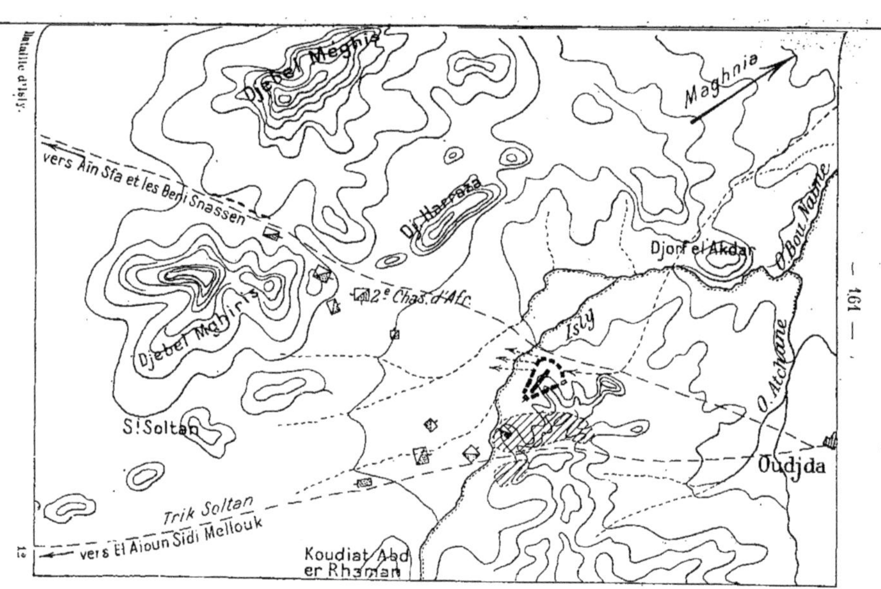

Bataille d'Isly.

12

récit du *Journal de marche*, paragraphe relatif à l'inspection du régiment passée par le général inspecteur d'*André*, à *Djemma-Ghazaouat*, quelques jours après la bataille : « Il constata que pas un seul cheval de troupe des 780 qui composaient le régiment ne portait les traces d'une seule blessure de la selle. Ce résultat était dû aux grands soins qu'on prenait journellement en route sur les charges du paquetage et à celui qu'on avait eu d'ajuster les selles sur chaque cheval et enfin, de la sollicitude des capitaines commandants qui, maîtres chacun de leur petit dépôt, s'attachaient à le conserver intact ainsi que l'effectif de leurs escadrons, Cette méthode de laisser un 5e peloton de dépôt par escadron offre beaucoup d'avantages sur celle des escadrons de dépôt et n'offre aucun des inconvénients de ce dernier mode. »

Nous en avons fini avec le récit de l'engagement de la cavalerie du corps expéditionnaire, dans cette partie de la bataille. Les escadrons de réserve, comme nous l'avons vu, chargèrent derrière les spahis et arrivèrent peu de temps après eux dans les camps. Quant au maghzen, il ne semble pas avoir rendu de grands services. « Le maghzen des douairs, à son ordinaire, s'est contenté de piller (1). »

En résumé, on peut dire que toute la cavalerie s'est montrée remarquable d'ardeur, de perçant et de courage. Nous avons constaté également, en suivant le 2e chasseurs d'Afrique, que les cavaliers de cette époque avaient parfaitement le sens de la manœuvre.

L'ennemi n'a pas évidemment opposé une résistance très sérieuse. Les cavaliers marocains étaient cependant braves et bien montés. Ils avaient fait l'admiration des Français pendant la bataille : « Quels beaux

(1) Capitaine adjudant-major Dutertre. Lettre au colonel Urich.

chevaux ! Quels brillants cavaliers ! » s'écrie *Dutertre* dans sa lettre au colonel *Urich*. Seulement, ils manquaient d'organisation, et surtout ils étaient loin de posséder le moral tout à fait exceptionnel des cavaliers de *Yusuf* et de *Moriss*.

4° Arrivée du corps expéditionnaire sur l'emplacement des camps marocains. — Organisation de la poursuite.

Nous avons laissé le corps expéditionnaire au pied du mamelon où se tenait le fils du sultan au début de la bataille. Après la sortie de la cavalerie, le « losange » avait commencé à se déformer par suite du terrain et du changement de direction à droite prescrit par le maréchal. La colonne de gauche suivait les crêtes et le haut du terrain qui s'étend du mamelon en question jusqu'aux collines où se trouvaient les camps. L'avant-garde et la colonne de droite s'avançaient plus à l'ouest, se rapprochant de l'*Isly*.

La formation rigide du carré de carrés était moins utile maintenant que l'ennemi était à peu près hors de cause.

La colonne de gauche, qui avait encore subi quelques attaques de la part des Marocains peu après le départ de la cavalerie, n'avait plus rencontré de résistance dans la suite ; elle avait, par conséquent, pu marcher assez vite. C'est elle qui arriva la première dans les camps et commença à les occuper.

Le maréchal *Bugeaud* chargea le général *de Lamoricière* d'organiser l'occupation et la défense de tous les camps en mettant à sa disposition la brigade Pélissier, en attendant les bataillons de la brigade *Bedeau*. La colonne de droite et l'avant-garde avaient appuyé vers l'*Isly*. Les bataillons du général *Bedeau* et du colonel *Gachot* avaient été ralentis par plusieurs attaques ennemies. Nous avons vu ensuite que pour dégager le colonel *Moriss*, le général *Bedeau* avait envoyé au delà de l'*Isly* trois bataillons de sa brigade. Ces bataillons avaient mis sac à terre et étaient partis au pas gymnastique. Mais il leur fallut bien revenir prendre leurs sacs lorsque le mouvement fut arrêté par le retour du 2e chasseurs d'Afrique. Il résulta de tout cela que les bataillons de la colonne de droite et de l'arrière-garde arrivèrent les derniers dans le camp du fils du sultan. A l'arrivée de ces troupes, le général *Lamoricière* en prit le commandement et commença l'organisation du bivouac qui devait être pris sur l'emplacement même des camps marocains. L'avant-garde (le 8e bataillon de chasseurs, le 41e et le 32e) et le 13e léger n'avaient pas été arrêtés aussi longtemps que les autres bataillons de la colonne de droite. Le maréchal les appela à lui et forma, avec eux, l'artillerie de campagne et quatre escadrons, une colonne de poursuite.

Cette colonne est formée des meilleures troupes que le maréchal a sous la main ; on remarquera que sa composition est parfaite pour la mission qu'elle a à remplir. Le reste de la cavalerie n'est pas encore disponible, mais dès que les spahis et chasseurs du 4e régiment seront ralliés et auront repris haleine, le maréchal les lancera également à la poursuite.

Le général *de Lamoricière* avait pris ses dispositions pour mettre les camps à l'abri d'un retour offensif de l'ennemi. Pour appuyer la colonne de poursuite qui se préparait à descendre vers l'*Isly*, il avait fait occuper les hauteurs de la rive droite qui dominent immédiatement le lit encaissé de l'oued. L'infanterie, de cette position, dominait la plaine de la rive gauche; elle était déployée, ayant les tentes du camp de *Moulay Mohamed* à sa droite, et se tenait prête à protéger le passage de la rivière.

Les spahis de *Yusuf* avaient été vite ralliés, après la traversée des camps. *Lamoricière* leur donna immédiatement l'ordre de se lancer sur les rassemblements ennemis qui se reformaient sur la rive gauche, dans le but évident d'essayer de reprendre les camps. Mais, à ce moment, l'artillerie de campagne de la colonne de poursuite arrivait au delà des camps, elle reçut l'ordre de se mettre en batterie sur la rive droite et d'ouvrir le feu à mitraille sur les masses ennemies qui se groupaient dans la plus grande confusion. Le 8e bataillon de chasseurs arrivait également au pas gymnastique, suivi de près, du reste, de l'avant-garde et du 13e léger.

Il résulta de l'ensemble de ces mouvements et des ordres donnés, que la colonne de poursuite franchit l'oued *Isly* dans un ordre tactique parfait, qui montre que le principe de la liaison des armes était en honneur dans l'armée du maréchal *Bugeaud*.

Sous la protection du feu de l'artillerie, l'infanterie de la colonne de poursuite franchit l'oued et dégage le terrain en avant. Derrière elle, et couverte par elle, la cavalerie franchit l'obstacle puis se lance ensuite sur l'ennemi. Les spahis passent d'abord, les trois escadrons du 4e chasseurs ensuite, puis les quatre escadrons primitivement en réserve (deux escadrons du 1er régiment de chasseurs et deux escadrons du 2e régiment de hussards, sous les ordres du colonel *Gagnon*).

Yusuf et ses spahis, se voyant bien soutenus par le reste de la cavalerie et, plus en arrière, par l'infanterie, se lancent furieusement à l'attaque des masses marocaines. L'ennemi fut vigoureusement poussé pendant une lieue. Sa déroute devint alors complète et ses débris se mirent à fuir dans toutes les directions, principalement par le « *Trik-Soltan* », vers *El-Aioun-Sidi-Mellouk ;* beaucoup de cavaliers cherchèrent aussi un refuge chez les *Beni-Snassen.* Complètement démoralisés et épuisés, les malheureux vaincus furent, la plupart, dépouillés de leurs effets et de leurs armes par les tribus qu'ils traversèrent. Les hommes et surtout les femmes leur reprochaient leur lâcheté; puisqu'ils étaient battus, c'est qu'Allah leur avait donné tort, par conséquent, ils ne méritaient aucune pitié.

Bien plus, les combattants s'entre-dévoraient entre eux : « Le capitaine *Rousseau* (2e chasseurs d'Afrique), poursuivant les débris de ces masses (engagement du colonel *Moriss* avec les *Abid-el-Bokhari*) dans la gorge des collines (direction d'*Aïn-Sfa*), vit alors un spectacle fort curieux. Une forte colonne d'infanterie kabyle descendait du *Rif* et des montagnes des *Beni-Snassen* pour rallier le camp marocain. Elle était en retard d'un jour. Rencontrant cette masse de fuyards, elle les arrêta naturellement, mais quand les Kabyles apprirent que la belle cavalerie des Marocains était en fuite et que les camps devaient être en notre pouvoir, pour ne pas perdre leur course, ils commencèrent à fusiller et à dépouiller ces malheureux vaincus et ne leur laissèrent que les yeux pour pleurer (1). »

La colonne de poursuite s'arrêta à environ 3 kilomètres au delà de l'*Isly* : « Il était alors midi, la chaleur était grande, les troupes de toutes armes étaient très fatiguées, et il n'y avait plus de bagages ni d'artillerie à prendre, puisque tout était pris. Je fis cesser la poursuite et je ramenai toutes les troupes dans le camp du sultan (2). »

---

(1) *Historique du 2e chasseurs d'Afrique.*
(2) Rapport du maréchal (17 août).

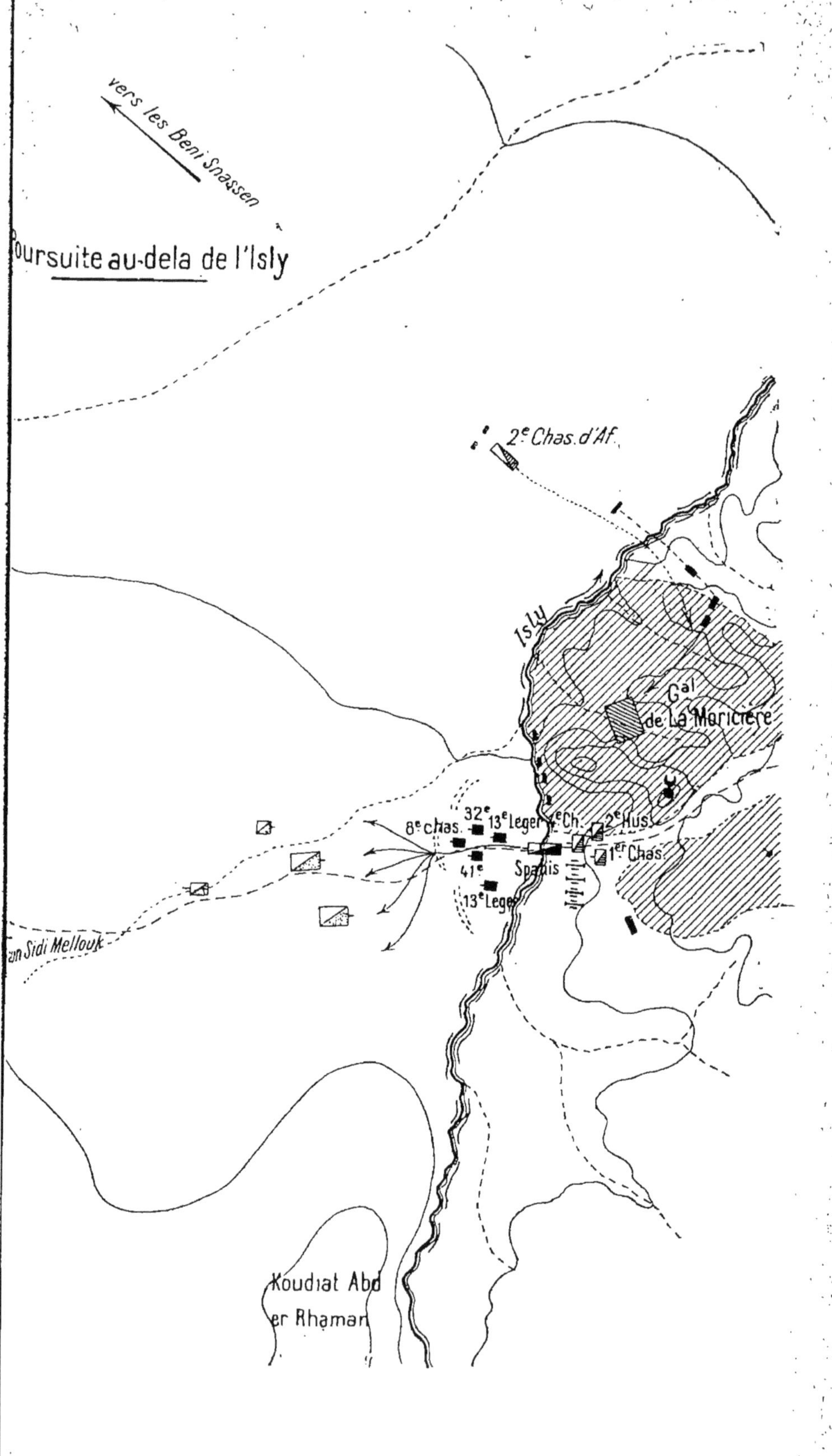
vers les Beni Snassen
Poursuite au-dela de l'Isly
2e Chas. d'Af.
Isly
Gal
de La Moricière
32e
8e chas.
13e Leger
4e Ch.
2e Hus.
1er Chas.
41e
Spahis
13e Leger
Sidi Mellouk
Koudiat Abd
er Rhaman

Malgré tout le désir qu'avait le maréchal d'achever la déroute complète de l'ennemi par une poursuite à outrance, il n'était guère possible d'aller plus loin ce jour-là. Le premier point d'eau vers l'ouest, dans la direction d'*El-Aïoun-Sidi-Mellouk*, était l'oued *Bou-Redine* à 32 ou 35 kilomètres au moins, il ne fallait pas songer à l'atteindre dans la même journée. La victoire était d'ailleurs complète et avant de donner le signal du retour au camp, le maréchal s'était vu présenter par les spahis, les chasseurs et les troupes de la colonne de poursuite les nombreux trophées enlevés à l'ennemi, parmi lesquels le fameux parasol qui eut, dans la suite, un grand succès de curiosité et fut envoyé à Paris.

Le maréchal, rentré au camp, s'installa dans la tente même du fils du sultan, que *Yusuf* lui avait fait réserver et autour de laquelle étaient rangés les seize drapeaux enlevés et les onze pièces de canon conquises par les spahis. *Léon Roches* rentra à ce moment de sa mission auprès du colonel *Moriss* : « Je trouvai mon chef et mes bons camarades installés confortablement sous la tente du fils de l'empereur et je me mis à avaler avec eux le thé et les gâteaux préparés le matin pour ce malheureux prince. »

RÉSULTATS

Notre victoire coûtait à l'ennemi plus de 1.000 tentes et un butin immense. Il avait perdu 1.200 à 1.500 tués ou prisonniers, sans compter les morts et les blessés qu'il avait pu emporter.

Ahmed en Nasiri raconte ainsi la fin de bataille : « Les gens qui étaient restés avec le fils du sultan furent mis en déroute jusqu'au dernier. L'ennemi les poursuivait et lançait sans discontinuer des boulets et des obus. Heureusement, quelques artilleurs tinrent solidement à la méhalla, mais la rivière se mit à couler et submergea ses rives habituelles. Les ordres de Dieu reçurent leur exécution et ce furent les musulmans seuls qui battirent les musulmans, ainsi que vous avez pu le voir. L'ennemi s'empara de la méhalla, et les pillards s'étant enfuis devant lui, il en resta maître avec tout ce qu'elle contenait. Ce fut une calamité cruelle, un désastre considérable, tel que n'en avait pas encore subi la dynastie chérifienne. Ce triste événement eut lieu le 15 *cha'ban* 1260, à 10 heures du matin.

» Les troupes défaites battirent en retraite et se dispersèrent de tous côtés. Mourants de soif, de faim et de fatigue, ces gens se laissèrent dépouiller sans résistance par les femmes des Arabes *Angad*. Le kalifa parvint jusqu'à *Taza* où il resta quatre jours pour attendre les fantassins et les faibles débris du « gueich » puis il rentra à *Fez*. »

Du côté français les pertes étaient les suivantes :

Tués : 4 officiers (spahis), 23 soldats, 40 chevaux.

Blessés : 7 officiers, 92 hommes, 29 chevaux.

Ces pertes étaient relativement insignifiantes. Malheureusement le corps expéditionnaire allait payer son succès par de nombreuses maladies. La chaleur accablante (53 degrés centigrades sous la tente, dit *Léon Roches*), le sirocco, l'eau saumâtre et malsaine, la fatigue et les privations allaient faire éclore des épidémies de typhus et de scarlatine qui obligeront le maréchal à suspendre les opérations et à rentrer à *Maghnia*.

Dans la soirée du 14, le corps expéditionnaire était donc installé dans le camp marocain et se reposait des fatigues de la bataille. Le problème se posait pour le maréchal de tirer le meilleur parti de sa victoire et de l'exploiter, afin de solutionner définitivement le conflit franco-marocain. Rentrer immédiatement à *Lalla-Maghnia*, lui paraissait une faute politique. Il voulait rester menaçant et faire craindre au sultan une marche vers l'intérieur du Maroc. Il pensa même à la marche sur *Fez*, mais les moyens dont il disposait et l'état sanitaire de ses troupes lui firent renoncer à ce projet trop vaste. Il se décida à amorcer seulement ce mouvement, à pousser sur *El-Aioun* et peut-être jusqu'à la *Moulouya*.

Mais avant d'entreprendre ce mouvement, il désirait être fixé sur l'attitude des contingents qui lui avaient été signalés comme ayant attendu les suites de la rencontre de l'armée française et des troupes de *Moulay Mohamed*, dans les coulisses du champ de bataille. En particulier, il voulait savoir ce qu'était devenu *Abd el Kadder* et ses fidèles. Il chargea *Yusuf* de cette mission. Celui-ci, dans l'après-midi du 15, fit choix de 100 de ses meilleurs spahis, les costuma en *Abid-el-Bokhari* avec les dépouilles des vaincus et se porta dans la direction d'*Aïn-Sfa*. Au petit jour, il rencontra une troupe qui, sans défiance, fut bientôt cernée et prise. *Yusuf* avait eu la main heureuse, il était tombé sur le « krodja » d'*Abd el Kadder*, son confident, son secrétaire, dépositaire de tous ses papiers. Le maréchal fut ainsi fixé; il sut qu'*Abd el Kadder* n'était pas à craindre pour le moment. Il sut également que les *Beni-Snassen* ne demandaient qu'à rester en paix avec les Français, convaincus, qu'ils étaient, de la supériorité militaire de ces derniers.

Le 15, le camp marocain n'était plus habitable, les cadavres en décomposition en faisaient un foyer d'infection. Le maréchal se décida à reporter son bivouac plus au nord-ouest, sur le haut *Isly*, à *Sidi-Mouça*. Le corps expéditionnaire leva donc le camp dans la soirée, après avoir enterré ses morts auxquels le maréchal en personne vint adresser un dernier adieu (1).

Le 16, tout le monde est occupé à évacuer les blessés et les malades et à charger le butin conquis. Tous les animaux de bât furent employés à former le convoi qui partit pour *Maghnia*. Ce convoi devait rapporter des vivres pour permettre de se porter en avant.

Le maréchal écrivit le même jour une lettre à l'adresse du sultan, où il lui posait ses conditions de paix, conditions très douces qui n'étaient autres que celles posées avant la bataille.

RECONNAISSANCE SUR EL-AIOUN-SIDI-MELLOUK (19 au 23 août)

Le 19, le corps expéditionnaire vit revenir le convoi de *Maghnia* avec les vivres. Possédant tous ses moyens de transport, il était prêt à repartir. Le maréchal envoya une reconnaissance sur *El-Aïoun-Sidi-Mellouk*. Cette reconnaissance alla jusqu'à l'*oued Bou-Redine* et revint en annonçant qu'on n'apercevait plus trace de Marocains sur la route de *Taza*.

Le 22, le corps expéditionnaire se mettait en route et se portait à *Tinsi*, point d'eau dans les montagnes des *Zecarra*. C'était une étape sur la route de *Fez*, la suivante devant conduire à *El-Aïoun*. On séjourna le 23 en ce point. Ce jour même, deux chefs marocains

---

(1) Nous avons vainement cherché l'emplacement des tombes françaises. Aucun indice n'a pu nous mettre sur la voie. De nombreux cimetières arabes, de quelques tombes seulement, se rencontrent sur le champ de bataille, auprès de l'*Isly* en particulier; peut-être est-ce près d'un de ces cimetières que sont enterrés les soldats du maréchal *Bugeaud*.

accompagnés de dix réguliers noirs, vinrent apporter au maréchal la réponse du fils du sultan : « Sache que si tu as pris mon camp, c'est que tu as usé de ruse et que tu n'as pas tenu tes promesses; sans cela tu aurais vu ce qui te serait arrivé. » Ceci posé le fils du sultan se déclarait prêt à accepter, au nom de son père, les conditions du maréchal. Celui-ci renvoya les ambassadeurs de *Moulay Mohamed* en leur disant : « Vous direz à votre prince qu'il ne doit pas concevoir de honte de la perte de la bataille d'*Isly*, car lui, jeune, inexpérimenté et n'ayant jamais fait la guerre, avait pour adversaire un vieux soldat blanchi dans les combats. Dites-lui qu'à la guerre, il faut toujours prévoir une défaite, et, par conséquent, ne jamais s'embarrasser d'objets de luxe et de bien-être qui peuvent servir de trophées à l'ennemi vainqueur.

» Si le prince *Muley Mohamed* s'était emparé de mon camp, il n'aurait pu se flatter d'avoir pris la tente d'un khalifa du roi des Français. Que mon expérience lui serve ! »

RETOUR A MAGHNIA (24 au 27 août)

Le maréchal conclut donc l'armistice demandé par les Marocains. Il était d'ailleurs fort aise du prétexte honorable qui lui était fourni de battre en retraite et de se replier sur *Maghnia*. La situation sanitaire du corps expéditionnaire s'aggravait de plus en plus, 200 malades entraient par jour à l'ambulance. Il fallait se hâter de rentrer à proximité des ressources médicales nécessaires, si l'on ne voulait voir l'épidémie faucher tous les hommes. On rentra donc à petites étapes; le 27, l'armée victorieuse campait sous *Maghnia*.

Depuis le 10 août, le corps expéditionnaire avait perdu 2.000 malades évacués sur les hôpitaux de *Maghnia*, *Tlemcen* et *Oran*.

DISLOCATION

La dislocation eut lieu dès le 28 août. Le bataillon de zouaves, les 8e et 9e bataillons de chasseurs, le 13e léger, le 1er chasseurs d'Afrique et le 2e hussards rentrèrent à *Tlemcen*. Le général *Bedeau* fut envoyé à *Sebdou* avec un détachement de chasseurs d'Afrique et une pièce de montagne. Le reste du corps expéditionnaire séjourna à *Maghnia* jusqu'au 30 août; le 1er septembre, il était à *Djemma-Ghazaouat*, où l'air pur et la fraîcheur de la mer lui rendirent la santé et lui firent vite oublier ses fatigues glorieuses.

CONCLUSION

Nous n'avons pas l'intention d'attribuer au présent travail une portée qu'il n'a pas, en exagérant l'importance des opérations que nous venons d'étudier. Mais sans vouloir mettre cette courte campagne d'*Isly* sur le même pied qu'une campagne européenne, au point de vue des enseignements à en tirer, nous espérons cependant avoir montré que cette étude est profitable et intéressante à plus d'un titre.

Exécutée au cœur de l'été, au milieu de populations prêtes à se soulever de tous côtés, avec une armée relativement nombreuse dont le ravitaillement était si délicat, compliquée d'autre part par la politique hésitante du gouvernement, la campagne d'*Isly* revêt un caractère de dureté tout particulier. Elle se présente à nous comme un problème hérissé de difficultés dont chacune nécessite, pour être vaincue, un effort intellectuel et moral du chef et un déploiement d'énergie de la part de la troupe. Comme dans la plupart des autres campagnes du maréchal *Bugeaud*, tout est ici à retenir et à méditer, aussi bien la conception que l'exécution.

Que ce soit une question de politique indigène ou de conduite de troupe, de formation de marche ou de combat, de ravitaillement ou d'équipement, nous voyons le maréchal la résoudre d'une manière originale. Avec une rare fertilité d'esprit il modèle, dans chaque cas particulier, la solution sur les circonstances du moment et les nécessités de la guerre d'Afrique.

En suivant ses conceptions, en étudiant sa méthode, il est impossible d'entrevoir, chez lui, d'autre règle que celle du bon sens affiné par l'expérience des choses de la guerre. En le voyant passer à l'exécution, payant de sa personne, faisant preuve en toutes circonstances d'initiative, de volonté, d'énergie, assumant avec sérénité les responsabilités les plus lourdes, il est également impossible de ne pas sentir que l'on se trouve en présence d'un chef possédant la parfaite maîtrise de l'art du commandement.

La doctrine de *Bugeaud*, comme la doctrine napoléonienne dont elle dérive, vit de manœuvre et d'esprit offensif, son essence réside dans l'adaptation constante des moyens au but à atteindre. Et le maréchal, comme l'empereur, est un conducteur d'hommes sachant faire vibrer l'âme du soldat et décupler sa valeur morale.

On est donc en droit de dire que si l'étude des campagnes du maréchal *Bugeaud* en Afrique n'est pas suffisante pour préparer à la grande guerre, cette étude n'en est pas moins excellente comme formation d'esprit et comme modèle de conduite des troupes. L'étude critique de ces campagnes constitue, si l'on veut, un « hors-d'œuvre » tactique, un exercice à part où les données des problèmes à résoudre sont spéciales. Mais on y retrouve toujours les grands principes de l'art de la guerre à côté des procédés spéciaux employés, en Afrique, pour combattre les Arabes.

Nous avons indiqué, au cours de cette étude, les différents points qui offraient matière à enseignement; nous jugeons inutile d'y revenir. La campagne d'*Isly* met en évidence la plupart des principes fondamentaux de tactique pour la conduite de la guerre en Algérie et au Maroc. Ces principes sont toujours vrais et peuvent trouver leur application de nos jours dans des opérations analogues. Les événements peuvent nous amener à pénétrer au Maroc; qu'une colonne française, partant de la zone frontière par exemple, dépasse la *Moulouya*, en manœuvrant sur *Taourirt* comme pivot, et s'avance de quelques journées dans la direction de *Taza* et de *Fez* et nous aurons, pour cette colonne, une situation analogue à celle du corps expéditionnaire de l'ouest en 1844. Les conditions relatives des deux belligérants sont évidemment changées, mais plutôt à notre avantage. Si les Marocains ont aujourd'hui un armement perfectionné, s'ils ont compris l'utilité de l'infanterie, leur mentalité n'en reste pas moins la même qu'il y a soixante-dix ans, et leur organisation comme leur instruction militaires n'ont fait que de faibles progrès. Une bataille rangée contre des masses marocaines présenterait, surtout du côté ennemi, les mêmes caractéristiques qu'à *Isly*. Avec notre armement actuel, avec notre artillerie à tir rapide, avec nos moyens puissants de ravitaillement, le succès n'est pas douteux. Un général audacieux peut, avec une faible colonne française, bousculer un ennemi très supérieur en nombre, comme l'ont fait *Kléber* à *Héliopolis* et *Bugeaud* à *Isly*.

C'est ainsi que la campagne que nous venons d'étudier fait ressortir, plus que toute autre campagne peut-être, deux vérités dominantes : d'une part, l'importance primordiale du chef à la guerre; d'autre part, la supériorité de l'organisation sur le nombre, la supériorité des forces morales sur les forces matérielles.

Le cadre de notre travail, d'ordre purement tactique, ne nous a pas permis d'envisager les conséquences de la bataille d'*Isly*. On sait que les conséquences indirectes furent considérables, la conquête de l'Algérie fut définitivement consolidée et notre supériorité militaire nettement reconnue par toutes les tribus. Mais les conséquences directes furent à peu près nulles, le gouvernement ne sut tirer aucun profit de notre victoire, aucune indemnité de guerre ne fut demandée au sultan, et notre frontière resta ce qu'elle était avant la bataille. Cependant, après les opérations du maréchal *Bugeaud* et la victoire décisive de l'armée française sur les troupes du sultan, notre influence était assurée sur l'amalat d'*Oudjda*, les *Beni-Snassen* et jusqu'aux rives de la *Moulouya*. Une diplomatie ferme aurait pu nous donner, dès les traités de 1845, cette rivière comme frontière algéro-marocaine.

Un peu plus de décision de la part du gouvernement français en tout ce qui touchait aux choses d'Afrique; une plus claire vision de l'avenir, auraient pu nous éviter, dès cette époque, les complications qui naquirent dans la suite. Au lendemain de la malencontreuse convention de mars 1845, tout le monde comprit en Algérie que le conflit franco-marocain n'était pas solutionné et que la frontière, telle qu'elle venait d'être tracée, serait une source constante de différends. Cette opinion se précisa avec le temps, et en 1853, le capitaine *Chanzy*, alors chef des affaires arabes à *Tlemcen*, pouvait résumer la question ainsi qu'il suit :

« la véritable frontière entre les pays formant aujourd'hui l'Algérie et le Maroc a toujours été la *Moulouya*. Cette dernière est la seule admissible, la seule qui ne donne pas lieu à contestations, la seule qui tienne compte des intérêts, des liens, des habitudes des tribus.

« Nous n'avons qu'à perdre en différant de régler cette question. Enfin, l'empereur du Maroc se reconnaissant tous les jours impuissant à faire respecter les clauses du traité de 1845, nous sommes dégagés de droit, et l'équilibre politique des nations ne saurait être troublé par l'annexion, à notre colonie, d'un pays qui ne peut être considéré comme une nouvelle conquête, mais bien comme le complément forcé de celle que toutes les nations ont dû nous reconnaître depuis le jour où notre drapeau a remplacé sur la casbah d'*Alger* les couleurs de l'*odjack* (1). »

Et depuis la victoire du maréchal *Bugeaud* à *Isly*, aurait pu ajouter le capitaine *Chanzy*.

Il a fallu attendre près de soixante-dix ans pour que notre influence s'établisse sur la région en question, et ce n'est que l'année dernière que notre drapeau a flotté sur les rives de la *Moulouya*.

Mais n'oublions pas aujourd'hui que le chemin nous a été montré par nos aînés de 1844.

Ceci nous amène, pour terminer, à formuler un vœu. Rien, sur le champ de bataille d'*Isly*, ne rappelle au voyageur l'événement mémorable qui s'y est déroulé. Nous avons profité de ce que les hommes de notre compagnie travaillaient sur la piste du « *Trik-Soltan* » au passage de l'*Isly*, pour relever la pyramide élevée en 1859 par le général *de Martimprey* sur l'emplacement où se dressait la tente du fils du sultan le jour de la bataille d'*Isly*. Grâce à l'ingéniosité des légionnaires, nous avons pu édifier, sans frais, un petit monument, avec une plaque indiquant sa signification. Mais ce monument est modeste, il ne peut qu'être provisoire. Le maréchal *Bugeaud* et le corps expéditionnaire méritent mieux de la reconnaissance de l'armée d'Afrique et de la France.

Mars 1911.

---

(1) Travail manuscrit du capitaine *Chanzy*, mis gracieusement à notre disposition par M. le lieutenant-colonel *Féraud*, commandant la police franco-marocaine (*Taourirt*).

ANNEXE

L'emplacement des camps marocains le jour de la bataille d'Isly.

Un des problèmes les plus délicats de la reconstitution de la bataille d'*Isly* sur le terrain, consiste à fixer l'emplacement des camps marocains le 14 août. Les documents, les témoignages, les indications manquent de précision à ce sujet. Cependant le problème est moins ardu qu'il ne le semble au premier abord, et l'ensemble des camps peut être circonscrit dans une zone approximative d'une étendue telle que les erreurs commises sont forcément limitées.

L'emplacement du camp du fils du sultan peut être rétabli, grâce aux deux pyramides élevées par le général *de Martimprey* en 1859. « Le 9 novembre (1859) le corps expéditionnaire bivouaqua sur l'emplacement même où avait eu lieu, en 1844, la bataille d'*Isly*. Dans l'après-midi, le général *de Martimprey*, qui avait assisté à la bataille, fit élever une colonne commémorative de 4 mètres de hauteur environ, sur un mamelon, à l'endroit même, où le maréchal *Bugeaud*, le soir de l'affaire, avait fait dresser sa tente (c'était d'ailleurs également sur ce mamelon que se trouvait la tente du fils du sultan, *Mohamed*). Sur un monticule voisin fut érigée une seconde colonne, en souvenir du passage du corps expéditionnaire. » (« Etude sur la campagne de 1859 », *Revue d'histoire*, février, mars, avril et mai 1908.)

« Le général en chef (*de Martimprey*), qui avait aussi assisté à la bataille, ne put s'empêcher d'être ému en revoyant ces lieux, et il eut alors la pensée d'honorer la mémoire du maréchal par une démonstration militaire. Sur son ordre, on éleva une petite pyramide, en pierres, sur l'emplacement occupé, le 14 août 1844, par la tente du maréchal *Bugeaud.* Dans l'après-midi, la troupe improvisa spontanément une fête militaire autour du petit monument, pour rendre hommage au vainqueur d'*Isly*. Elle fut terminée par une ronde gigantesque, éclairée par des torches improvisées, dans laquelle zouaves, chasseurs d'Afrique, hussards, fantassins et même un aumônier de la colonne, ancien zouave, chantaient la *Casquette.* » (Yusuf, général Derrécagaix.)

Les deux pyramides en question figurent sur toutes les anciennes cartes, et leur base est assez facile à retrouver, bien que les pierres des colonnes aient été dispersées par la malveillance des Arabes. Nous avons relevé la pyramide la plus à l'est, celle qui correspond à l'emplacement même de la tente de *Moulay-Mohamed*. Nous avons trouvé dans les pierres de la base, un petit bloc rectangulaire brisé qui portait l'inscription tronquée, mais facile à rétablir : « Armée française. Maréchal *Bugeaud* (14 août 1844). » Le tableau d'*Horace Vernet* (prise du camp du fils du *sultan* à la bataille d'*Isly*, musée de Versailles) donne des indications précieuses sur l'emplacement du camp de *Moulay-Mohamed*. Lorsqu'on se place près de la pyramide et que l'on regarde, face au nord, le terrain, on est frappé de la ressemblance du tableau en question; le mamelon où était la tente du fils du sultan, les voisins, la plaine de l'*Isly* y sont fidèlement représentés. Si *Horace Vernet* n'est pas venu sur le terrain, il a du moins eu sous les yeux un croquis fait par un officier qui était à la bataille (*Léon Roches*, probablement, qui était l'ami intime du peintre).

Pour nous, l'emplacement du camp du fils du sultan est, par conséquent, facile à rétablir. Nous sommes d'ailleurs parfaitement d'accord, à ce sujet, avec M. le capitaine *Voinot* qui a étudié également cette question dans un livre, en préparation, sur la région d'*Oudjda*.

Le camp devait s'étendre à l'ouest jusqu'à l'*Isly*, au nord jusqu'au *Trik-Soltan* par où l'armée était arrivée; à l'est le front de bandière pouvait être à 800 ou 1.000 mètres du mamelon où était la tente de *Moulay-Mohamed*, au nord, c'est-à-dire face à l'attaque française, les tentes devaient arriver jusqu'au bas d'une ride de terrain que nous avons photographiée pour indiquer l'endroit où les spahis ont été arrêtés dans leur charge.

Etant donné l'emplacement du camp du fils du sultan, nous en avons déduit celui des autres camps. Ces camps étaient sur les collines de la rive droite de l'*Isly*, donc à l'est du camp du fils du sultan. Ils étaient au nombre de sept (*Léon Roches*) ou de neuf (rapport du maréchal) et composés de tentes du maghzen et de tentes des « nouaïbs ». Les camps des troupes régulières étaient formés de tentes blanches et se composaient de trois groupes, dont le camp de *Moulay Mohamed* (du *Barail*, *Martimprey*, *d'Ideville*, etc.). Ces trois camps et la plupart des autres étaient visibles du sommet du *djorf El-Akdar*, donc ils étaient situés sur les collines de la rive droite de l'*Isly*, en arrière du mamelon de *Moulay Mohamed* et dans l'horizon visible du *djorf El-Akdar*. En déterminant exactement cet horizon visible, on obtient la zone dans laquelle se trouvaient les camps. Ils occupaient une bande de terrain allongée qui était à cheval sur le « *Trik-Soltan* » depuis l'*Isly* jusqu'au point où cette piste descend des collines, sur *Oudjda*.

Ces déductions sont confirmées par le témoignage de deux vieillards marocains d'*Oudjda*, dont l'un, au moins, a vu les camps étant tout enfant.

TABLE DES MATIÈRES

CHAPITRE VI.

CHAPITRE VII.

Paris et Limoges. — Imp. et libr. milit. Henri Charles Lavauzelle.

Librairie militaire Henri CHARLES-LAVAUZELLE

PARIS ET LIMOGES

Observations sur la guerre dans les colonies (Organisation, exécution), conférences faites à l'Ecole supérieure de guerre, par le lieutenant-colonel DITTE, de l'infanterie coloniale, breveté d'état-major. — Volume in-8° de 188 pages, avec 12 croquis dans le texte........ 2 »

Colonisation militaire, par le capitaine CONDAMY, de l'infanterie coloniale, section technique des troupes coloniales. — Volume in-8° de 108 pages........ 2 50

L'expédition militaire en Tunisie (1881-1882). Vol. gr. in 8° de 422 p., 7 cartes........ 7 50

Croquis tunisiens : Souvenirs d'un officier des affaires arabes, par L. ESTEBAN. — Volume in-8° de 264 pages avec de nombreux croquis dans le texte........ 3 50

Notes sur la tactique en pays touareg. — Brochure in-8° de 30 p... » 60

Notre politique au Maroc, par le général LUZEUX. — Volume in-8° de 155 pages, avec trois croquis dans le texte........ 3 50

La guerre au Maroc, Enseignements tactiques des deux guerres franco-marocaine (1844) et hispano-marocaine (1859-1860), par le commandant MORDACQ, breveté d'état-major. Vol. in-8° de 204 pages, avec 7 croquis et 3 gravures dans le texte (2e édition)........ 3 50

Expédition de Chine de 1900 jusqu'à l'arrivée du génnéral Voyron, par le colonel DE PÉLACOT, ancien commandant du corps expéditionnaire. — Volume grand in-8° de 286 pages avec 18 gravures dans le texte. 5 »

Rapport sur l'expédition de Chine (1900-1901), par le général VOYRON. — Volume in-8° de 514 pages, orné de nombreuses gravures... 7 50

Pékin pendant l'occupation étrangère en 1900-1901, par le lieutenant-colonel GUILLOT, ancien commandant du génie de la 1re brigade du corps expéditionnaire de Chine — Volume in-8° de 96 pages, avec 4 croquis et le plan de Pékin, couv. illust........ 3 50

Campagne de Chine (*mai à septembre* 1900). — **Journal d'un officier,** par le lieutenant M. SAILLENS. — Volume in-8° de 160 pages, avec 24 gravures........ 3 »

Notes sur la compagnie montée du corps expéditionnaire de Chine, par le capitaine COUP, de l'infanterie coloniale. — Broch. in-8° de 16 p. » 60

Vallée du Yang-Tsé. — Les troupes chinoises et leurs instructeurs, par le capitaine GADOFFRE, de l'infanterie coloniale. — Brochure in-8° de 50 pages avec 4 gravures dans le texte........ 1 »

La Chine pour tous (*Histoire, population, administration, traités avec la France*). — Vol. in-8° de 84 pages, avec une carte dans le texte... 2 »

Les services de l'arrière à la colonne de Lang-Son, par le colonel PRIVÉ. — Brochure in-8° de 40 pages avec 3 croquis dans le texte ... » 75

La région du Tchad, d'après les travaux du lieutenant-colonel DESTENAVE et du capitaine TRUFFERT. — Brochure in-8° de 18 pages........ » 50

Le chemin de fer français du Yunnan, par le capitaine P. IBOS. — Brochure in-8° de 34 pages avec 4 gravures dans le texte........ » 75

Etude sur le Hounn-Ho inférieur, son delta, son confluent avec le Peï-Ho et les relations qui existent entre ses apports alluvionnaires et l'avenir du port fluvial de Tien-Tsin, par le lieutenant SERVAGNAT. — Brochure in-8° de 36 pages, avec 6 croquis........ » 75